AF532792

Überhaupt hat der Fortschritt das an sich,
dass er viel größer ausschaut, als er wirklich ist.
Johann Nepomuk Nestroy (1801–1862)

Impressum

Bibliografische Information der Deutschen Nationalbibliothek
Die Deutsche Nationalbibliothek verzeichnet diese Publikation in der Deutschen Nationalbibliografie; detaillierte bibliografische Daten sind im Internet über http://dnb.d-nb.de abrufbar.

Lektorat: Martina Schneider
Covergestaltung, Grafik und Produktion: Nadine Kaschnig-Löbel
Coversujet: Helmut Ardelt
Druck: PBtisk, Pribram, Tschechien
gedruckt in der EU

ISBN 978-3-7025-1029-9

www.pustet.at

Helmut Ardelt

Oberösterreich in der Steinzeit

Eine archäologische Spurensuche

VERLAG ANTON PUSTET

Inhalt

Zum Geleit

Die archäologische Erforschung Oberösterreichs mag eine lange Geschichte aufweisen und zahlreiche Fundstellen, Objekte, wissenschaftliche Erkenntnisse und weiterführende Fragestellungen erbracht haben. Die Personaldecke in den einzelnen Institutionen war jedoch im Vergleich zu Bundesländern, in denen ein einschlägiges Universitätsinstitut vorhanden ist, oder zu Staaten und Regionen außerhalb Österreichs immer ausgesprochen dünn; und die Situation hat sich in den letzten Jahrzehnten noch verschlechtert, blickt man beispielsweise auf die ersatzlose Schließung der Linzer Stadtarchäologie. Umso wesentlicher ist eine aktive Heimatforschung, vor allem jene, die auf Augenhöhe und in enger Kooperation mit den Fachinstitutionen stattfindet. Auf diese Weise können Forschungslücken geschlossen werden, Fundstellen beobachtet und neu entdeckt werden, kann Material einer Bearbeitung zugeführt und ganz allgemein das Wissen über die Vergangenheit unseres Bundeslandes vermehrt werden. Für das vorliegende Buch spielen alle diese Aspekte eine große Rolle, und darüber hinaus noch große Geduld und Ausdauer.

Konsulent Helmut Ardelt hat über Jahrzehnte hinweg zwei der wenigen paläolithischen Fundstellen Oberösterreichs in Absprache mit Grundbesitzern, Denkmalamt und Landesmuseum begangen und damit oberflächig liegendes Fundmaterial gesichert, welches ansonsten im Lauf – historisch gesehen – kurzer Zeit unweigerlich verloren gegangen wäre. Darüber hinaus hat er sich unermüdlich um die wissenschaftliche Einordnung der Fundstellen bemüht und Kontakte zur nationalen und internationalen Paläolithforschung gesucht. Die Ergebnisse bestätigten, was er selbst bereits wusste: Perg/Weinzierl 1 und 2 zählen zu den ausgesprochen seltenen bisher entdeckten und bestätigten Fundstellen der Altsteinzeit in Oberösterreich. Ihre Entdeckung darf daher als sensationell gelten und ihre Betreuung und Erforschung als wesentlicher Beitrag zur archäologischen Arbeit des Bundeslandes.

Aber nicht nur Perg/Weinzierl stand im Fokus der Aufmerksamkeit des Heimatforschers Ardelt. Die Steinzeit in all ihren chronologischen Stufen hat sein Interesse so stark geweckt, dass er auch Kontakte zu anderen Heimatforschern gesucht hat und auch deren Ergebnisse in seine Arbeit hat einfließen lassen. Daraus ergab sich der Wunsch, diese Epoche der Urgeschichte in einer Zusammenschau zu präsentieren – vor allem mit Blick auf das Steinmaterial und seine Veränderung im Lauf von Alt- und Jungsteinzeit. Somit liegt hier ein Gesamtüberblick der Steinzeiten samt der Vorstellung wesentlicher oberösterreichischer Fundstellen und Materialgruppen vor, unabhängig davon, ob es sich um Material aus Museen oder aus Privatsammlungen handelt.

Es bleibt zu hoffen, dass dieses schöne Ergebnis seriöser und nachhaltiger Heimatforschung sowohl durch das Fachpublikum als auch all jene, die sich um die Archäologie in Oberösterreich bemühen oder sich dafür interessieren, wohlwollend aufgenommen wird.

Jutta Leskovar, Oberösterreichisches Landesmuseum

Einleitung

Es sind meist Gegenwart und Zukunft, die uns heute derart beschäftigen, dass wir uns kaum Gedanken machen, woher wir eigentlich kommen. Was vor einer Generation noch als neue Errungenschaft und modern gegolten hat, ist heute längst überholt oder durch eine Weiterentwicklung ersetzt. Fakten aus der Vergangenheit kommen uns oft unendlich weit zurückliegend vor. Dabei ist es noch gar nicht so lange her, dass unsere Ahnen den oft mühsamen Weg durch die Steinzeit beschritten haben und dabei die Grundlagen unseres Strebens nach Weiterentwicklung gelegt wurden. Ein Blick in die Vergangenheit kann uns sehr viel für Gegenwart und Zukunft vermitteln.

Wenn wir die lange Zeitspanne der Erdgeschichte betrachten, so bevölkert der Mensch erst seit relativ kurzer Zeit diesen Planeten. Er ist aus der Klasse der Säugetiere hervorgegangen und entwickelte sich über verschiedene Zwischenarten zum heute lebenden Menschen.
Ganz wesentliche Entdeckungen, Erfindungen und Kulturtechniken fallen in die Steinzeit. So lernte der Mensch, das Feuer zu beherrschen, verfeinerte die Werkzeugtechnologie, entwickelte effektive Jagdstrategien und gestaltete einzigartige Höhlenkunst. Er begann mit der Metallgewinnung, führte die Landwirtschaft ein und errichtete die ersten Monumentalbauten. In dieser Zeit haben sich beim Menschen verschiedene Merkmale wie die Lernfähigkeit, die Sprache, die soziale Gemeinschaft, das strategische Denken herausgebildet. Grundlagen unseres technischen Fortschrittes und der vielfältigen bunten Kultur wurden in dieser Zeit gelegt. Auch unser heutiges Denken und Handeln ist vielfach geprägt von den Erfahrungen unserer weit zurückliegendenVergangenheit.
Evolutionär entstandene Verhaltensweisen aus der Steinzeit begleiten uns weiter im täglichen Leben. So war zum Beispiel über Jahrmillionen die Suche nach Nahrung die wichtigste Aufgabe im Leben unserer Vorfahren. Heute, in Zeiten des Überflusses, kann dieser Instinkt zu Übergewicht und Zivilisationskrankheiten führen.
Unsere Vorfahren erlernten im Lauf der Zeit unterschiedliche Fertigkeiten, die uns von allen anderen Lebewesen abheben. Ein ganz wesentlicher Faktor unserer bisherigen Erfolgsgeschichte ist der Gebrauch von Werkzeugen. Neben Holz, Knochen und Horn wurden bis vor etwa 4 000 Jahren bevorzugt die scharfen

Fanny vom Galgenberg (36 000 Jahre vor heute)

Kanten von geschlagenem Stein als Hilfsmittel für verschiedenste Tätigkeiten verwendet. Auf erste Grunderfahrungen der Steinbearbeitung konnten nachfolgende Kulturen aufbauen und sie weiter verbessern. Über viele Jahrtausende erscheint der Fortschritt nur sehr gering, doch führte die ständige Weiterentwicklung schließlich zu technischen und kulturellen Höchstleistungen. Die am häufigsten erhalten gebliebenen Hinterlassenschaften unserer Vorfahren aus der Steinzeit sind oft kunstvoll gefertigte Werkzeuge und Geräte aus Stein. Sie sind Produkte und Beweismittel unserer Entwicklungsgeschichte sowie Zeugnisse vom kontinuierlichen Entstehen unserer Kultur und Technologie. Die Produktion und Verwendung von Werkzeugen forcierten wohl die motorischen Fähigkeiten und förderten gleichzeitig die Weiterentwicklung des Gehirnes. Wenn wir den frühen Menschen verstehen wollen, können bearbeitete Steine, frühe Keramik und Kunstwerke eine essenzielle Quelle dafür sein.

Durch ein sogenanntes Schlüsselerlebnis wurde ich in den 1980er-Jahren darauf aufmerksam, dass auf den Feldern unserer Umgebung mit geschultem Auge und etwas Glück Spuren längst vergangener Kulturen zu finden sind. Vor allem Fundstücke aus der Steinzeit erweckten mein Interesse, sodass ich je nach Möglichkeit und passender Jahreszeit mit Gummistiefeln ausgestattet über offene Felder streifte. Rechtlich gesehen ist vor der Suche nach archäologischen Denkmalen und Objekten das Einverständnis des Grundbesitzers einzuholen, selbst wenn Dinge nur von der Oberfläche aufgesammelt werden. Es empfiehlt sich, Grundbesitzer über Funde zu informieren. Dem Denkmalamt sind Funde in jedem Fall zu melden. Eigentümer der Fundstücke sind je zur Hälfte Grundbesitzer und Finder. Prospektionen und Grabungen dürfen nur mit Genehmigung des Bundesdenkmalamtes von Archäologen und Archäologinnen durchgeführt werden.

Mein Bedürfnis nach mehr Wissen über die Steinzeit war so groß, dass ich den Kontakt zu Expertinnen und Experten suchte und mir über die Jahre mit Erfahrungsaustausch und einschlägiger Literatur ein umfangreiches Wissen über die menschliche Urgeschichte aneignete. Der aus den USA zurückgekehrte Paläolithforscher Friedrich Brandtner war in Sachen Steinzeit in den 1990er-Jahren des vorigen Jahrhunderts mein erster Mentor. Heute bin ich mit verschiedenen Fachleuten im In- und Ausland vernetzt und dadurch in vielen Bereichen auf dem letzten Stand der Forschung.

Die von Menschenhand erzeugten und bearbeiteten Gegenstände werden als „Artefakte" bezeichnet. Erhalten gebliebene Steinartefakte, Schmuck und Keramikgegenstände gewähren uns einen tiefen Einblick in die Lebensweise und ständige Weiterentwicklung des prähistorischen Menschen.

Wir können davon ausgehen, dass verschiedene Menschenformen seit mehreren hunderttausend Jahren durch das Donautal und seine Nebentäler gestreift sind und dabei natürlich auch ihre Spuren hinterlassen haben. Die Mehrzahl der steinzeitlichen Fundplätze Oberösterreichs wurde von ehrenamtlich tätigen Heimatforschern, Sammlern und aufmerksamen Landwirten entdeckt. Es ist anzunehmen, dass von verschiedenen Feldoberflächen Oberösterreichs bereits Hunderttausende steinzeitliche Artefakte aufgesammelt worden sind. Engagierte Privatpersonen, die sich aktiv mit dem Aufspüren archäologischer Funde beschäftigten, verbrachten schon unzählige Stunden auf umgepflügten Ackerflächen. Sie suchten ohne Hilfsmittel wie Spaten oder Kelle mit freiem Auge auf vegetationsfreien Feldern nach Spuren längst vergangener Epochen. So manches Steinbeilchen, das aus der Scholle ragte, löste beim Finder Glücksmomente aus. Wenn dann Funde bei den zuständigen Stellen gemeldet wurden, konnten diese oft einen wichtigen Beitrag für Wissenschaft und Forschung leisten. Nur so war es möglich, ein genaueres Bild über die Verbreitung der verschiedenen archäologischen Kulturen und deren Abfolge zu erhalten. Die wissenschaftliche Bearbeitung vorgeschichtlicher Oberflächenfunde brachte oft Überraschungen und vielfach neue Erkenntnisse. Einzelne zufällig entdeckte Fundstellen führten zu professionellen Sondierungen oder Grabungen. Archäologische Grabungsbefunde, verschiedene Publikationen, wissenschaftliche Forschungsergebnisse, fachlicher Austausch mit Expertinnen und Experten, Museumsbestände und Einblicke in Privatsammlungen lassen uns vieles über die Anwesenheit, Lebensumstände und Kunstfertigkeit unserer frühen Vorfahren erahnen und bilden die Grundlagen für dieses Buch.

Meine Absicht ist es, mit dieser Publikation dem interessierten Laien Basisinformationen über die Steinzeit zu vermitteln und interessante steinzeitliche Belege aus verschiedenen Regionen Oberösterreichs zu zeigen. Viele mir bekannte Artefakte der frühen Menschheitsgeschichte sowie einzelne Fundplätze Oberösterreichs sind in dieser Zusammenfassung beschrieben und dokumentiert. Ein Anspruch auf Vollständigkeit kann nicht erhoben werden, denn es ist unmöglich, alle bisher in Oberösterreich geborgenen steinzeitlichen Funde ausfindig zu machen. Im Lauf der Zeit haben viele außergewöhnliche Objekte unserer Vorfahren aus der Steinzeit den Besitzer gewechselt, sind verloren gegangen oder verschollen. Ein sicher nicht unwesentlicher Teil urgeschichtlicher Zeugnisse ist im Zuge neuzeitlicher Aktivitäten zerstört oder verlagert worden und damit für immer der Forschung und Wissenschaft entzogen. Vieles aber liegt noch unberührt unter der Erdoberfläche oder unter Wasser und wartet auf Entdeckung.

Die stummen Zeugen aus dem Boden erhellen zunehmend die Menschheitsgeschichte in unserem Land. Viele in diesem Buch beschriebene steinzeitliche Objekte wurden von Privatpersonen bei unzähligen Geländebegehungen aufgelesen. Diesen Zeitgenossen ist dieser Band im Besonderen gewidmet.

Die Steinzeit – ein Überblick

Die Anfänge der menschlichen Gesellschaft vollzogen sich über einen langen Zeitraum und in sehr kleinen Schritten. Nach dem langen Prozess vom Vierbeiner zum aufrechtgehenden Zweibeiner benützten Frühmenschen erstmals Hilfsmittel aus Holz und Stein. Möglicherweise hat eine dramatische Trockenperiode in den Savannen Afrikas dazu beigetragen, dass diese Hominiden erstmals einfache Steinwerkzeuge zum Zerkleinern harter pflanzlicher Nahrung nutzten. Der aufrechte Gang machte die Hände frei zum Tasten, Anfassen und Festhalten. Diese neuen vom Gehirn gesteuerten Erkenntnisse entwickelten sich evolutionär weiter zum sensiblen Tastsinn und zur perfekt ausgebildeten Motorik von Hand und Fingern. Die periodisch wiederkehrenden Kalt- und Warmzeiten und die damit verbundenen Änderungen der Lebensbedingungen trugen dann wahrscheinlich wesentlich zur Weiterentwicklung unserer Urahnen bei.

Den Zeitabschnitt, in welchem der Werkstoff Stein eine zentrale Rolle im Leben unserer Vorfahren spielte, nennen wir „Steinzeit". Es war dies die weitaus längste Epoche der bisherigen Menschheitsgeschichte und begann nach heutigem Wissensstand vor etwa 3 Millionen Jahren in Afrika. Um über den langen Zeitabschnitt der Steinzeit eine bessere Vorstellung zu bekommen, kann man sich die letzten drei Millionen Jahre auf einer drei Meter langen Messlatte vorstellen. Nach dieser Darstellung lebten wir vor fünf Millimetern noch in der Jungsteinzeit! Aus den relativ wenigen vorliegenden Fragmenten dieser langen schriftlosen Zeit versucht heute die Wissenschaft in verschiedenen Disziplinen die Menschheitsgeschichte zu interpretieren.
Aus Ostafrika kennen wir Fossilfunde verschiedener Formen der *Australopithecinen*, die zwischen 2 und 3,5 Millionen Jahre alt sind. Eine weltweite Berühmtheit aus dieser Gattung ist die im heutigen Äthiopien entdeckte Lucy. Aus den *Australopithecinen* gingen die ersten Vertreter der Gattung *Homo*, wie zum Beispiel *Homo habilis* (geschickter Mensch), hervor, der Geröllgeräte herstellen und benutzen konnte. Darauf folgte die lange Periode des *Homo erectus* (der aufgerichtete Mensch) in unterschiedlichen Ausprägungen für die Dauer von etwa 1,5 Millionen Jahren. *Homo erectus* nutzte bereits das Feuer, stellte Faustkeile her und besiedelte von Afrika ausgehend auch Asien und Europa.
Die von unseren frühesten Ahnen mit wenigen Schlägen gezielt mit Schneidekanten versehenen Steine kennzeichnen nicht nur den Beginn der Altsteinzeit, sondern auch den Startschuss unserer Kultur- und Technologieentwicklung.

Die lange Periode der frühen Altsteinzeit war in Europa die Zeit der europäischen Variante des *Homo erectus*, des *Homo heidelbergensis*. In Österreich sind bisher nur sehr wenige Belege seiner Anwesenheit entdeckt worden.

Aus dem *Homo heidelbergensis* dürfte vor etwa 300 000 Jahren der frühe *Homo neanderthalensis* hervorgegangen sein. Zwischen 130 000 und 40 000 vor heute lebte dann in Europa und Vorderasien der späte oder „klassische" Neandertaler. Neben dem von Vorfahren übernommenen Faustkeil entwickelte der Neandertaler auch neue Produktionsmethoden für Steingeräte mit bestimmten Funktionen. Nach der gängigen „Out-of-Africa-Theorie" begann das Abenteuer „vernunftbegabter Mensch" in Afrika. Er dürfte sich dort aus einer Gruppe des *Homo erectus* zu einer archaischen Form des *Homo sapiens* und schließlich zum heutigen anatomisch modernen Menschen entwickelt haben. Die bisherige Annahme, dass die Wiege des modernen Menschen im östlichen Afrika liegt, wurde durch neue Entdeckungen in Marokko infrage gestellt. In der Fundstelle Jebel Irhoud stießen Forscher in den 1960er-Jahren auf verschiedene menschliche Fossilien und zahlreiche Steinwerkzeuge. Die Funde wurden damals einer Art des nordafrikanischen Neandertalers zugeschrieben. Im 21. Jahrhundert hat man in dieser für Anthropologen so verheißungsvollen Fundstelle die Grabungsaktivitäten wieder aufgenommen. Die inzwischen aus Jebel Irhoud vorliegenden 22 menschlichen Fossilien wurden fünf verschiedenen Individuen zugeordnet und der Spezies *Homo sapiens* zugewiesen. Mithilfe der Thermolumineszenz-Methode (Strahlendosismessung) wurden Steingeräte aus der Fundschicht mit den menschlichen Überresten auf ein Alter von rund 300 000 Jahren datiert. Diese 2017 veröffentlichten Ergebnisse stellen die bisherige Hypothese, dass der Ursprung des modernen Menschen in Ostafrika liegt, in ein neues Licht. Offensichtlich gab es auf dem afrikanischen Kontinent schon viel früher als bisher angenommen mehrere *Homo-sapiens*-Populationen in verschiedenen Regionen.

2017 wurde in der Misliya-Höhle in Israel ein Teil eines menschlichen Oberkiefers entdeckt, das auf ein Alter von etwa 180 000 Jahren datiert wurde und eindeutig dem *Homo sapiens* zugewiesen werden konnte. Der anatomisch moderne Mensch hat demnach schon viel früher als bisher vermutet den Nahen Osten erreicht. Er verließ wahrscheinlich in mehreren Wellen Afrika und besiedelte im Lauf der Zeit alle Kontinente und löste dort existierende Menschenformen ab. Schon im Nahen Osten dürfte er auf den Neandertaler getroffen sein und sich bereits dort mit ihm gekreuzt haben. Die hohe Lern- und Anpassungsfähigkeit, die Sprache sowie der Gebrauch von Werkzeugen und Waffen gaben dem anatomisch modernen Menschen die Fähigkeit, in fast allen Klimazonen der Erde als Jäger und Sammler zu überleben.

Europa erreichte *Homo sapiens* erstmals vor Beginn des letzten Kältevorstoßes vor etwa 43 000 Jahren. Er brachte neue Technologien zum Produzieren seiner

Steinwerkzeuge und Jagdwaffen mit. Charakteristisch für die späte Altsteinzeit waren Klingentechnik und Geräte aus Knochen und Geweih. Die Menschen folgten in kleinen Gruppen den Wildtierherden und dürften auch hier mit dem Neandertaler zusammengetroffen sein.

Mit dem Erscheinen des anatomisch modernen Menschen erfuhr Europa auch eine „kulturelle Revolution". Die ersten präzisen Kunstwerke wie Höhlenmalereien und figürliche Objekte entstanden vor etwa 35 000 Jahren. Über das Weltbild, die Fantasie und Spiritualität dieser Menschen können wir sehr wenig sagen.

Nach dem Ende der letzten Vereisung vor rund 12 000 Jahren kehrten die Wälder langsam wieder zurück. Tiere der kalten Tundra zogen sich nach Norden zurück oder starben aus. Die veränderte Umwelt führte zu neuen Jagd- und Lebensbedingungen für die Menschen der Mittelsteinzeit.

Ab etwa 7 600 Jahren vor heute kam es in unserer Gegend zu grundlegenden Veränderungen der menschlichen Lebensweise. Die letzten Jäger und Sammler in Mitteleuropa wurden schrittweise von Zuwanderern aus Südosten, die sich sesshaft niederließen und hauptsächlich von Ackerbau und Viehhaltung lebten, abgelöst. Erste feste Ansiedlungen wurden errichtet. Es war dies der Übergang von der Mittelsteinzeit zur Jungsteinzeit. Die jungsteinzeitliche Wirtschaftsweise schuf dann die Grundlagen zu einer arbeitsteiligen Gesellschaft. Nahrungsproduktion und Vorratshaltung führten zu einer größeren Unabhängigkeit von der natürlichen Umwelt und bildeten die Voraussetzung für weiteres Bevölkerungswachstum. Die ersten Monumentalbauten wie die Steinreihen von Carnac oder später Stonehenge wurden errichtet.

Vor etwa 4 000 Jahren, als in Mitteleuropa das Metall den Rohstoff Stein zur Fertigung von Werkzeugen und Waffen abzulösen begann, endete mit dem Übergang zur Bronzezeit bei uns die Steinzeit.

Unsere frühen Vorfahren wussten sehr bald, welche Gesteinsarten sich besonders gut zur Herstellung von Steingeräten eigneten. Sie bevorzugten zähe und harte Mineralien und Gesteine, die beim Abschlagen muschelig brechen und scharfe Kanten bilden. Es handelt sich dabei meist um Silikatgestein mit hohem Kieselsäureanteil in verschiedenen Zusammensetzungen.

Für einen Großteil der verwendeten Mineralien wie zum Beispiel Hornstein, Radiolarit, Jaspis und Chalzedon ist der Sammelbegriff „Silex" oder „Feuerstein" geläufig.

Mithilfe eines Schlagsteines wurden von Steinknollen oder zugerichteten Kernen Abschläge und Klingen produziert. Die häufigste Methode der Modifizierung dieser Grundformen war dann das sogenannte Retuschieren. Die abgetrennten Teile wurden durch weiteres Abschlagen oder Abdrücken mittels eines Meißels aus Knochen oder Holz zum gewünschten Endprodukt zugerichtet. Im Lauf der Zeit verfeinerte sich die Technik der Geräteherstellung immer mehr und

erreichte eine handwerkliche Blüte. In der Jungsteinzeit wurden dann zusätzlich zähe, schwer spaltbare Felsgesteine zur Anfertigung geschliffener und polierter Werkzeuge verwendet.
Die verschiedenen Entwicklungsstufen der Steinzeit verliefen weltweit nicht parallel, sondern in unterschiedlichen Geschwindigkeiten und überschnitten sich in den Regionen auch oft.
Die Wissenschaft teilt die Steinzeit in Europa in drei Hauptabschnitte ein:

das **Paläolithikum** (Altsteinzeit),
das **Mesolithikum** (Mittelsteinzeit) und
das **Neolithikum** (Jungsteinzeit).

Die lange Periode des Paläolithikums ist wiederum in Altpaläolithikum, Mittelpaläolithikum, Jungpaläolithikum und Spätpaläolithikum untergliedert.
In der Altsteinzeit werden archäologische Kulturen beziehungsweise Technologiekomplexe unterschieden, die meist nach französischen Fundstellen benannt sind.
Das Paläolithikum fällt zeitlich zu einem großen Teil mit dem letzten großen Eiszeitzyklus, dem Pleistozän zusammen, das vor rund 2,5 Millionen Jahren begonnen hat. Es war dies keine durchgehend kalte Periode, sondern ein zyklisches Kommen und Gehen von gewaltigen Eismassen und extremen Temperaturschwankungen, wobei die Zyklen gegen Ende der Eiszeit immer kürzer wurden. Die Ursachen für den Wechsel von Kalt- und Warmzeiten mit gemäßigten Zwischenphasen sind vielfältig. Die Verteilung der Landmassen der Kontinente auf der Erde sowie Schwankungen der Erdumlaufbahn, der Neigung der Erdachse und andere orbitale Parameter sind hier wichtige Faktoren. Nicht nur unsere Landschaft wurde durch die Eiszeit wesentlich verändert und gestaltet, auch die menschliche Evolution wurde durch sie entscheidend beeinflusst. Flora und Fauna waren und sind einem ständigen Anpassungsprozess unterworfen. Mit dem Ende der letzten Kaltzeit und dem Übergang vom Spätpaläolithikum zum Mesolithikum beginnt der gegenwärtige Zeitabschnitt der Erdgeschichte, das Holozän.
Die frühesten vorliegenden und eindeutigen Nachweise menschlicher Anwesenheit in Oberösterreich stammen aus gemäßigten Perioden der Würmeiszeit. Es waren Neandertaler, die in Flussniederungen, aber auch im Gebirge ihre Spuren hinterlassen haben. Vom ersten Auftreten des Jetztmenschen bis zur steinzeitlichen Agrargesellschaft, die eine völlig neue Lebensweise brachte, liegt eine Vielzahl interessanter Belege vor. Die Häufigkeit der Funde steigt erwartungsgemäß mit den jüngeren steinzeitlichen Kulturen und der steigenden Bevölkerungsdichte. Die meisten Fundobjekte stammen daher aus der Jungsteinzeit, in der die Menschen hier bereits sesshaft waren.
Die Steinzeit war eine lange und faszinierende Epoche in der Menschheitsgeschichte, die uns noch immer viele ungelöste Rätsel aufgibt. Wir können auch in

Zukunft mit sensationellen Entdeckungen und neuen interessanten Erkenntnissen rechnen. Unterschiedliche wissenschaftliche Disziplinen arbeiten heute mit Unterstützung modernster Hilfsmittel intensiv daran, noch mehr Licht in unsere Vergangenheit und Entwicklungsgeschichte zu bringen. Beispielhaft möchte ich eine heute gängige Methode der Altersbestimmung anführen:

Durch die Entdeckung der radiometrischen Datierung kohlenstoffhaltiger Materialien machte die Urgeschichtsforschung ab Mitte des letzten Jahrhunderts einen Quantensprung bei der Altersbestimmung archäologischer Funde. Mit dieser Methode (^{14}C-Datierung) kann das Alter von organischem Material wie Pflanzenresten, Hölzern, Knochen oder Textilien mit einer Genauigkeit von bis zu 100 Jahren bestimmt werden. Diese Datierungsmöglichkeit basiert auf der Zerfallsgeschwindigkeit des radioaktiven Kohlenstoffisotops ^{14}C bei Proben mit einem Alter bis etwa 60 000 Jahre.

Zur Erklärung: Lebewesen speichern während ihrer Lebenszeit verschiedene Kohlenstoffisotope (die stabilen Isotope ^{12}C und ^{13}C sowie das permanent zerfallende ^{14}C) in ihrer Substanz. Bei gleichzeitig lebenden Organismen ist der Anteil an ^{14}C nahezu identisch. Während ^{12}C und ^{13}C dann in toten Organismen nahezu konstant bleiben, zerfällt das radioaktive Kohlenstoffisotop ^{14}C ab dem Tod des Lebewesens mit einer Halbwertszeit von etwa 5 730 Jahren. Aus dem Verhältnis zwischen ^{12}C und ^{14}C kann dann mit einem speziellen und aufwendigen Verfahren das Alter des organischen Materials annäherungsweise festgestellt werden.

Da aber der natürliche Kohlenstoffgehalt in der Atmosphäre in den letzten Jahrtausenden aus verschiedenen Gründen nicht unwesentlich schwankte, wurde und wird das Berechnungssystem mit einer sogenannten Kalibrationskurve ständig verfeinert. Entdeckt hat die Altersbestimmung mit Radiokarbondatierung der Amerikaner Willard Libby. Er wurde für diese Erfindung 1960 mit dem Nobelpreis für Chemie ausgezeichnet.

An den chronologisch angeführten Kulturen der Steinzeit und deren Hinterlassenschaften können wir sehr gut die kontinuierliche Weiterentwicklung des Entdecker- und Erfindergeistes des Menschen erkennen. Vom einfachen Steingerät über komplizierte Steinbearbeitung bis zum ersten Kunstwerk dauerte es Millionen von Jahren. Die Menschen der Steinzeit besiedelten im Lauf der Zeit die Erde und wurden schließlich Ackerbauern und Viehzüchter, sesshafte Produzenten, Eigentümer und Händler.

Die begrenzte Welt ist erobert, die technische Entwicklung, das Gesundheits- und Bildungswesen sind weit fortgeschritten, aber wir bleiben weiterhin Teil der Natur, unsere Evolution und Geschichte gehen weiter.

Wir leben heute in einer Phase der globalen Beschleunigung, einer zunehmenden Komplexität und sozialen Ungleichheit. Unser Wissen vermehrt sich exponentiell, Innovationen und die Entwicklung neuer Produkte nehmen an Tempo zu.

Wachstumsökonomie, Ressourcenverbrauch, Digitalisierung, künstliche Intelligenz, industriell produzierende Landwirtschaft und von Menschen gestaltete Natur mit dem enormen Verlust an Biodiversität sichern unseren derzeitigen Wohlstand und führen zu einer noch nie dagewesenen Bevölkerungsdichte. Unser heutiger Lebensstil verändert zunehmend unseren Planeten und hinterlässt Spuren mit langfristigen Folgen. Man spricht bereits von einem neuen Erdzeitalter – dem Anthropozän – der Epoche, in der menschliche Aktivitäten direkten Einfluss auf Umwelt und verschiedene andere Prozesse der Erde nehmen. Prognosen über die Zukunft der Menschheit sind schwer möglich. Es bleibt zu hoffen, dass *Homo sapiens* seiner Namensbedeutung gerecht wird, mehr Verantwortung übernimmt, rasch die richtigen globalen Entscheidungen trifft, Maßnahmen ergreift und Taten setzt, damit die Welt auch für folgende Generationen schön und lebenswert bleibt.

Das Altpaläolithikum

(ca. 3,3 Millionen – ca. 300 000 Jahre vor heute)

Der früheste und längste Abschnitt der Altsteinzeit wird als Altpaläolithikum bezeichnet und beginnt mit den frühesten Nachweisen von geschlagenen Steinwerkzeugen. Die ältesten bisher entdeckten einfachen Werkzeuge der Menschheitsgeschichte stammen von der Fundstelle Lomekwi 3 in Kenia und werden auf ein Alter von 3,3 Millionen Jahren geschätzt. Vermutlich haben bereits Vorgänger der Gattung *Homo* Geröllsteine so zugeschlagen, dass scharfe Kanten ausgebildet wurden. Mit diesen Steinwerkzeugen konnten sie verschiedenste Arbeiten verrichten, zum Beispiel Äste bearbeiten und Fleisch von Knochen trennen.
Erstmals stießen Louis und Mary Leakey in den 1950er-Jahren in der Olduvai-Schlucht im Norden Tansanias auf fossile Reste früher Vormenschen. Die weitere kulturelle Entwicklung der Menschheit fällt dann schon in die Zeit der frühen Arten aus der Gattung *Homo*. Verschiedene Arten von Frühmenschen besiedelten den afrikanischen Kontinent. Über viele Jahrhunderttausende waren einfach zugeschlagene, scharfkantige Steingeräte (sogenannte *Chopper* und *Chopping tools*) Hilfsmittel und Begleiter unserer Vorfahren. Mit diesen frühen Werkzeugen wurde der Grundstein für die menschliche Kultur gelegt.
Aus den Geröllgeräten entwickelte sich erstmals in Afrika vor etwa 1,8 Millionen Jahren allmählich der Faustkeil – ein Universalgerät – sowie verschiedene einfache Schaber. Diese Innovationen werden dem *Homo erectus* zugeschrieben, der auch in Asien und Europa seine Spuren hinterlassen hat. *Homo erectus* nutzte bereits das Feuer und ergänzte seine pflanzliche Ernährung durch Jagdbeute. Vom Auftreten der Faustkeile bis etwa vor 300 000 Jahren spricht die Wissenschaft von der Acheuléen-Kultur. Faustkeile, allerdings in verfeinerten Formen, waren auch die ständigen Begleiter der folgenden Neandertaler. Der Faustkeil war damit das am längsten verwendete und damit „erfolgreichste" Werkzeug der Menschheitsgeschichte.
Außerhalb Afrikas stammen die ältesten bekannten vormenschlichen Fossilien und dazugehörigen Steinwerkzeuge aus Dmanissi in Georgien. Sie werden auf ein Alter von etwa 1,8 Millionen Jahre datiert und dem *Homo erectus* zugeschrieben. In Italien und Spanien wurden fossile menschliche Überreste und Steinwerkzeuge entdeckt, die zwischen 1,2 Millionen und 800 000 Jahre alt sind.
Aus Mitteleuropa ist uns der etwa 600 000 Jahre alte Unterkiefer aus Mauer bei Heidelberg ein Begriff. Die Wissenschaft gab dieser Art der Gattung Mensch den Namen *Homo heidelbergensis* und reihte ihn in der Ahnentafel als Vorgänger des *Homo neanderthalensis* ein. *Homo heidelbergensis*, die europäische Form des *Homo erectus*, der Einwanderer aus Afrika, war wahrscheinlich die erste menschliche Population in Mitteleuropa.
Etwa 500 000 Jahre alte Artefakte und Siedlungsreste wurden in Mühlheim-Kärlich und in Miesenheim entdeckt. Beide Orte liegen in Rheinland-Pfalz.

In Vértesszőlős, westlich von Budapest, wurden im letzten Jahrhundert fossile Knochen von Vormenschen sowie Steinwerkzeuge ausgegraben, die auf ein Alter von 600 000 bis 350 000 Jahre geschätzt werden.

Die fast 400 000 Jahre alten, umfangreichen Funde aus Bilzingsleben in Thüringen sowie die annähernd so alten hölzernen Wurfspeere und Steinartefakte vom Braunkohlerevier Schöningen in Niedersachsen beweisen, dass der damalige Mensch bereits einfache, Schutz gebende Behausungen, wirkungsvolle Jagdwaffen und verschiedene Steinwerkzeuge fertigte und benutzte. Diese Kulturleistungen belegen, dass die Menschen des späten Altpaläolithikums bereits strukturiert planen und gestalten konnten.

Homo erectus bevölkerte in unterschiedlichen Ausprägungen über einen Zeitraum von mindestens 1,5 Millionen Jahre Afrika, Europa und Asien. Er war damit die bisher erfolgreichste Spezies der Gattung *Homo*.

Hinterlassenschaften der Frühmenschen sind durch die starken topografischen Veränderungen der Eiszeitzyklen oft verfrachtet, verändert und kaum erhalten geblieben. Die im Altpaläolithikum erzeugten Steingeräte sind außerdem den durch Naturkräfte entstandenen Geofakten oft sehr ähnlich und für Laien und sogar Fachleute nur sehr schwer zu unterscheiden. Auf natürliche Weise, zum

Unterkiefer von Mauer bei Heidelberg

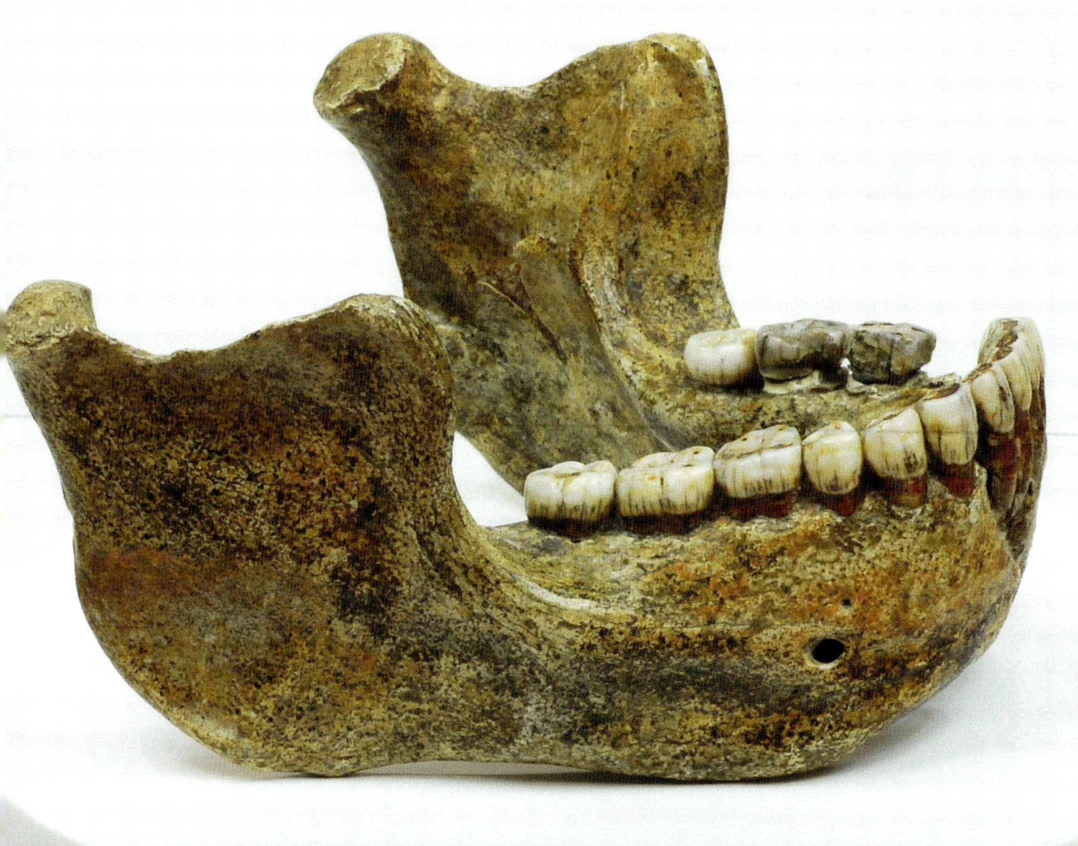

Beispiel durch Flusstransport, Windschliff, Umlagerung, Kälteeinwirkung oder auch durch landwirtschaftliches Gerät modifiziertes Geröll ist Artefakten aus dem Altpaläolithikum oft sehr ähnlich. Altpaläolithische Artefakte aus Oberösterreich konnten bisher nicht nachgewiesen werden. Aus dem östlichen Niederösterreich sind jedoch Funde bekannt, die von Experten eindeutig dem Altpaläolithikum zugeordnet werden konnten.

Der Heimatforscher und Hobby-Paläontologe Herbert Preisl aus Dürnkrut hat 1992 die frühesten Spuren menschlicher Anwesenheit in Niederösterreich, vielleicht die ältesten in ganz Österreich, entdeckt. Die Fundstelle liegt am Leberberg in der Ortschaft Zwerndorf, Gemeinde Weiden an der March. Preisl konnte im Zuge mehrerer Feldbegehungen eine ansehnliche Zahl Geröllgeräte aufsammeln, die dann vom Altsteinzeit-Experten Karel Valoch begutachtet und publiziert wurden. Die Unterscheidung zwischen Naturprodukten (Geofakten) und bewusst von Menschen erzeugten Geröllgeräten (Artefakten) ist äußerst schwierig. Die hauptsächlich aus Quarz- und Quarzitknollen geschlagenen Artefakte sind durch Windschliff und Abrollen verrundet und geglättet. Die Erscheinungsform der Geräte weist sie aber eindeutig als altpaläolithische Funde aus. Valoch konnte im Fundgut zweifelsfrei typische Geröllartefakte aus dem Altpaläolithikum, wie sie auch in Mittel- und Westeuropa auftreten, feststellen. Die Funde von Zwerndorf passen gut zu den von nahegelegenen südmährischen Fundplätzen stammenden Geröllgeräten. Anlässlich eines Arbeitstreffens des Forschungsbereiches Altsteinzeit des Römisch-Germanischen-Zentralmuseums auf Schloss Monrepos hat 1999 eine Gruppe namhafter Paläolithforscher die Originalfunde von Zwerndorf beurteilt und als Artefakte bestätigt.

v. l. n. r.: Faustkeil und Chopper von Zwerndorf; Großer Chopper von Zwerndorf

Angespornt durch seine sensationellen Funde in Zwerndorf hat Preisl seinen Aktionsradius ausgedehnt und ein weiterer Erfolg ließ nicht lange auf sich warten. In Unterrohrbach an der Donau, nordwestlich von Wien, entdeckte er eine weitere altpaläolithische Fundstelle. Seine letzten altpaläolithischen Bodenfunde (Aufsammlungen) stammen von hohen Donauterrassen aus Bad Deutsch-Altenburg und Hundsheim. Die Funde aus dem östlichen Niederösterreich belegen auf jeden Fall den Aufenthalt des *Homo heidelbergensis* an der österreichischen Donau. Es ist also nur eine Frage der Zeit und der Aufmerksamkeit einzelner Heimatforscher, bis auch in Oberösterreich dieser Nachweis gelingt.
Bei den von Preisl entdeckten Geröllartefakten handelt es sich um Faustkeile, *Chopper*, *Chopping-tools*, *Picks* und Schaber. Aus typologischer Sicht fallen diese Steingeräte in die archäologische Kulturstufe des Acheuléen und dürften 800 000 bis 400 000 Jahre alt sein. Für diesen Zeitraum spricht die Wissenschaft von der Cromer-Warmzeit, in der weite Teile Mitteleuropas mit Laubwäldern bedeckt waren. In den Wäldern und auf den grasbedeckten Lichtungen lebten als jagdbares Wild Waldelefanten, Nashörner, Hirsche, Pferde, Rinder, und verschiedene Kleinsäugetiere.

Das Mittelpaläolithikum

(ca. 300 000 – ca. 40 000 Jahre vor heute)

Das Mittelpaläolithikum war in Europa die Zeit des Neandertalers, der aus dem *Homo heidelbergensis* hervorging. Namensgeber ist das Neandertal nahe Düsseldorf, in welchem 1856 erstmals fossile Reste dieser Menschen erkannt wurden.

Der frühe und der klassische Neandertaler überlebten in Europa, dem Vorderen Orient und in Westasien erfolgreich die extremen Klimaschwankungen der ausgehenden Eiszeit über einen Zeitraum von rund 250 000 Jahren. Er passte sich der fast subtropischen Umgebung vor etwa 120 000 Jahren, in der in den Flüssen Westeuropas zum Beispiel Flusspferde lebten, genauso an, wie den extremen Abkühlungsphasen mit Tundravegetation. Während der kältesten Phase reichten die Gletscher des Nordens bis Mitteleuropa, es herrschte anhaltendes Trockenklima mit großen Temperaturunterschieden zwischen Tag und Nacht. In den extremen Kälteperioden dürfte sich der Neandertaler nach Südeuropa zurückgezogen haben. Die nicht sehr lebensfreundlichen Kaltzeiten dauerten jeweils wesentlich länger als die Warmzeiten und der Neandertaler war vermutlich die erste Menschenart, die vor Kälte schützende Kleidung aus den Fellen der erlegten Tiere fertigte.

Aus mehreren hundert fossilen Resten konnte sein Erscheinungsbild ziemlich genau rekonstruiert werden. Auf seinem kräftigen, gedrungenen Körper saß ein auffällig langgestreckter Schädel mit flacher Stirn und vorspringenden Überaugenwülsten. Die Schädelkonstruktion lässt darauf schließen, dass er ein sehr gutes Sehvermögen und einen ausgeprägten Gehörsinn besaß. Des Weiteren hatte er einen kräftigen Kauapparat, ein nach hinten fliehendes Kinn sowie sehr

große Nasennebenhöhlen, die kalte Luft vorwärmten und befeuchteten, bevor sie in die Lunge gelangte. Das durchschnittliche Gehirnvolumen des Neandertalers war etwas größer als das des heutigen Menschen. Das heißt jedoch nicht, dass er auch die gleichen kognitiven Fähigkeiten besaß.
Die Neandertaler lebten in Sippen und ernährten sich hauptsächlich vom Fleisch ihrer Jagdbeute. Sie zogen saisonal als Wildbeuter in Gruppen von einem Lagerplatz zum anderen, wo sie in einfachen zeltartigen, mit Tierhäuten bedeckten Behausungen oder in Höhlen Schutz vor unerwünschten Umwelteinflüssen fanden. Ein Überleben war nur in Gruppen möglich.

links: Die neue Rekonstruktion des Neandertalers von der Künstlerin Elisabeth Daynès steht im LVR-LandesMuseum Bonn.
rechts: Rekonstruiertes Wollhaarmammut, mit freundlicher Genehmigung des Naturhistorischen Museum Basel.

In den Mischwäldern der Eem-Warmzeit (etwa 125 000 bis 115 000 Jahre vor heute) waren Waldelefant, Waldnashorn, Wildschwein, Hirsch und Reh begehrte Jagdbeute des Neandertalers. Als Großwildjäger stellte er während der Kaltphasen neben Wollhaarmammuts und Wollhaarnashörnern auch Moschusochsen, Wildpferden, Riesenhirschen und Rentieren nach. Als Waffen dienten oft lange Holzlanzen. Das Wollhaarmammut ist den meisten heute in Europa lebenden Menschen ein Begriff. Es lebte während der letzten Eiszeit auch in unseren Breiten, erreichte eine Schulterhöhe von bis zu 3,75 Metern und ernährte sich von krautigen Pflanzen, Gras und Sträuchern. Wir wissen von Tieren, die im sibirischen Permafrost konserviert waren, dass sie bis zu 200 Kilogramm Pflanzennahrung pro Tag zu sich nahmen. Sie hatten an die Kälte angepasste kleine Ohren, und unter dem dicken langhaarigen Oberfell schützte ein dichtes Unterfell den Körper vor Unterkühlung. Die mächtigen, gedrehten Stoßzähne konnten eine Länge von über vier Metern erreichen. Das Wollhaarmammut ist in Europa zu Beginn der gegenwärtigen Warmphase vor etwa 14 000 Jahren ausgestorben.
Der Neandertaler nutzte das Feuer nicht nur als Wärmespender und zum Braten von Fleisch, er härtete mit dem Feuer auch seine hölzernen Speere. Aus Birkenrinde stellte er innerhalb einer Feuerstelle unter konstant hoher Temperatur Birkenpech zum Einkleben und Befestigen seiner Geschoßspitzen und Schneidewerkzeuge her. Er hatte mit sehr großer Wahrscheinlichkeit eine entwickelte Sprache und war ein soziales menschliches Wesen, von dem auch Bestattungen seiner Toten belegt sind. Gut verheilte Knochenverletzungen weisen sowohl auf einen harten Alltag, als auch auf fürsorgliche Pflege der Verletzten hin. Der Neandertaler hat uns in Europa viele interessante Steingeräte und so manche Rätsel zu seiner Kultur hinterlassen. Die Herstellungstechnik für seine Werkzeuge entwickelte er weiter und die Gerätetypen wurden optimiert. Neben dem sorgfältig gefertigten Faustkeil, dem Universalgerät, hat er auch neue Abschlagstechnologien erfunden.
Eine für den Neandertaler typische Herstellungstechnik – die Levallois-Methode – war weit verbreitet. In mehreren Arbeitsschritten wurde ein Gesteinsrohling in die gewünschte Form gebracht. Von diesem zugerichteten Stück konnte er in ihrer Form eindeutig vorherbestimmte Abschläge mit verschiedenen Umrissen produzieren. Einzelne Abschläge wurden dann mit Flächenretuschen versehen. Der Neandertaler benutzte zur Bearbeitung von Holz, Knochen, Haut oder Fleisch unterschiedliche Werkzeugformen. Die Levallois-Technik ist eine Leitform des Moustérien. Der Name Moustérien leitet sich von einem Fundort in Frankreich ab und ist praktisch ein Synonym für das Mittelpaläolithikum.
Gegen Ende des Mittelpaläolithikums traten sogenannte Keilmesser auf. Diese Werkzeuge, bei denen eine schneidende Kante einem stumpfen Rücken gegenüberliegt, sind charakteristisch für das Micoquien, eine ebenfalls nach einem

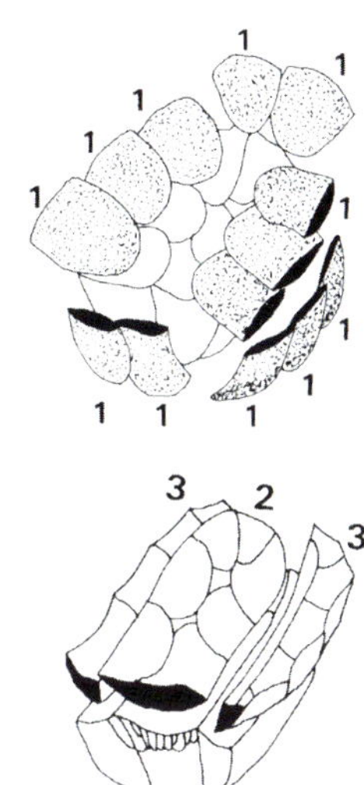

links: Faustkeil aus Bayern
daneben: Blattspitze aus Bayern
rechts: Schematische Darstellung der Levallois-Technik nach Th. Uthmeier 2004

französischen Fundplatz benannte archäologische Kultur der späten Neandertaler. Am Übergang vom Mittel- zum Jungpaläolithikum finden sich auch fein gearbeitete, blattförmige Geräte. Diese hochwertigen Artefakte wurden wahrscheinlich als Speer- und Lanzenspitzen verwendet. Geschäftet konnten sie auch als Messer dienen.

Ab etwa 43 000 vor heute musste der Neandertaler in Europa seine Jagdgründe mit den anatomisch modernen Menschen, die aus dem Südosten einwanderten, teilen.
Die Anzahl der damals in Europa lebenden Neandertaler dürfte sehr gering gewesen sein. Verschiedene Berechnungen und genetische Untersuchungen ergaben Schätzungen, dass in der Spätphase des Mittelpaläolithikums in Europa gleichzeitig kaum mehr als 7 000 Neandertaler existierten.
Vor etwa 40 000 Jahren verliert sich vor dem Höchststand der letzten Vereisung aus bisher ungeklärten Gründen seine Spur. Ob die Verdrängung durch den eingewanderten *Homo sapiens*, eine zu geringe genetische Diversität der letzten Neandertaler, oder andere Gründe ausschlaggebend waren, die zum Aussterben des *Homo neanderthalensis* führten, ist umstritten. Weitere Hypothesen wären, dass die Neuankömmlinge für den Neandertaler tödliche Infektionskrankheiten mitbrachten oder die letzten Neandertaler in der Population des einwandernden anatomisch modernen Menschen aufgegangen sind.
Seit 2010, als es Svante Pääbo und seinem Team vom Max-Planck-Institut in Leipzig gelungen ist, die Erbsubstanz des Neandertalers zu entschlüsseln, wissen wir,

dass Menschen außerhalb Afrikas bis zu vier Prozent Neandertaler-DNA in sich tragen. Der Genfluss vom Neandertaler zum anatomisch modernen Menschen könnte erstmals bereits im Nahen Osten erfolgt sein.
Aus Oberösterreich sind neben einzelnen Streufunden auch verschiedene ehemalige Lagerplätze mit Hinterlassenschaften des Neandertalers bekannt.

Mittelpaläolithische Einzelfunde aus Oberösterreich

Das möglicherweise älteste bisher in Oberösterreich entdeckte Artefakt stammt aus Linz. In der Löss-/Lehm-Grube der ehemaligen Ziegelei Reisetbauer am Froschberg wurde im Jahr 1931 in einer Tiefe von 6,5 Metern ein Artefakt aus Hornstein zusammen mit einer linken Gelenkspfanne eines eiszeitlichen Wisents geborgen. Aus dieser Grube stammen auch verschiedene fossile Knochenreste von Wisent, Mammut, Riesenhirsch, Höhlenbär und Wildpferd.
Vom Ende der 1940er-Jahre bis zur Schließung der Ziegelei in den 1970ern stand die Grube unter geowissenschaftlicher Beobachtung. Der Geologe Hermann Kohl stellte fest, dass die vielschichtige Deckschicht eine maximale Stärke von zwölf Metern hatte und die würmzeitlichen Lössablagerungen nie mächtiger als zwei bis 3,5 Meter waren. Die 6,5 Meter tief gelegene Fundstelle lag damit weit unter den Lösspaketen der letzten Eiszeit und auch tiefer als der fossile Boden der letzten Warmzeit. Der Abschlag könnte also in risszeitlichem Löss gefunden worden sein und wäre damit älter als 130 000 Jahre.

Heimatforscher Kurt Meiche hat im letzten Jahrhundert mehrere Jahrzehnte lang die Felder des Gallneukirchner Beckens nach steinzeitlichen Spuren abgesucht. In der mehrere tausend Fundstücke umfassenden Sammlung befinden sich auch einzelne mittelpaläolithische Steingeräte. Der Paläolithforscher Bohuslav Klima senior beschreibt 1990 einen stark verwitterten, faustkeilartigen Schaber aus Hornstein aus der Sammlung Meiche. Das Steingerät ist einseitig retuschiert und

Hornsteinabschlag vom Froschberg, Linz, größter Durchmesser 4,8 cm

links: Bogenschaber aus dem unteren Mühlviertel, Länge 13,5 cm
rechts: Faustkeil von Großraming, Länge 10 cm

kann aus typologischer Sicht – Steingeräte werden oft nach Artefakttypen einer archäologischen Kultur zugewiesen – in das Mittelpaläolithikum gestellt werden. Meiche hat den faustkeilförmigen Bogenschaber in Bodendorf gefunden.
Bei der 2012 durch den Geoarchäologen Alexander Binsteiner durchgeführten Neubefundung und Aufnahme der Sammlung Meiche konnte dieser weitere vier Artefakte dem Mittelpaläolithikum zuordnen. Es handelt sich gemäß Binsteiner um Steingeräte aus Hornstein, die nach der für den Neandertaler typischen Levallois-Technik hergestellt worden sind.
Diese Funde aus der Sammlung Meiche sind ein sehr früher Nachweis menschlicher Anwesenheit im Gallneukirchner Becken.
In der Sammlung von Heimatforscher Herbert Hiesmayr liegt ein Bogenschaber aus feinkörnigem Quarzit, der nach Aussagen von Hiesmayr aus der Umgebung von Bad Kreuzen stammt. Er soll dort in einer Erdmulde entdeckt worden sein. Nach Beurteilung durch Bohuslav Klima senior passt das Artefakt gut in ein mittelpaläolithisches Ensemble.

In Großraming an der Enns hat der Heimatforscher David Mitterkalkgruber 1984 bei einem Aushub in 1,5 Metern Tiefe ein faustkeilähnliches Steingerät aus Kalkstein gefunden. Nachdem das Fundstück aus einer würmzeitlichen, lehmigen, geröllfreien Deckschicht entnommen wurde, ist anzunehmen, dass es sich um ein Artefakt aus dem Mittelpaläolithikum handeln könnte. Die Spitze des Gerätes ist neu gebrochen.
Das Fundstück aus Großraming liegt im leider geschlossenen Ennsmuseum in Kastenreith-Weyer.

Neandertaler an Enns und Donau

Ufertrassen und Erhebungen an Enns und Donau wurden von den Menschen des Mittelpaläolithikums bevorzugt für die Errichtung ihrer Lagerplätze genutzt. Die erhöhten Lagen an den Flussufern boten Weitblick und dürften günstige Voraussetzungen für sichere Lager und als Ausgangspunkt für Streifzüge geboten haben. Außerdem war es einfach, aus dem nahen Flussgeröll gut spaltbares Material zum Anfertigen der Steingeräte zu gewinnen. Wir kennen heute am Unterlauf der Enns sowie gegenüber der Ennsmündung mehrere Stellen, die als ehemalige Lagerplätze des Neandertalers dienten.

Mittelpaläolithische Funde von der Berglitzl, Langenstein

Die Berglitzl ist eine etwa 13 Meter hohe Bergkuppe aus Granit unweit des linken, heute regulierten Flusslaufes der Donau. Während der Würmeiszeit dürfte die Felsformation zeitweise als Insel aus den mäandernden und verzweigten Donauarmen geragt sein.
Bei Grabungen des OÖ Landesmuseums, die zwischen 1965 und 1974 unter der Leitung von Ämilian Kloiber und Manfred Pertlwieser durchgeführt wurden, konnten aus der „urgeschichtlichen Fundgrube" Berglitzl neben frühmittelalterlichen Gräbern mehrere tausend Steinartefakte urgeschichtlichen Ursprungs geborgen werden. Das umfangreiche Fundgut, zu dem im Depot des Landesmuseums auch große Mengen an Grabungsdokumentation vorliegen, wurde noch keiner eingehenden wissenschaftlichen Untersuchung zugeführt.

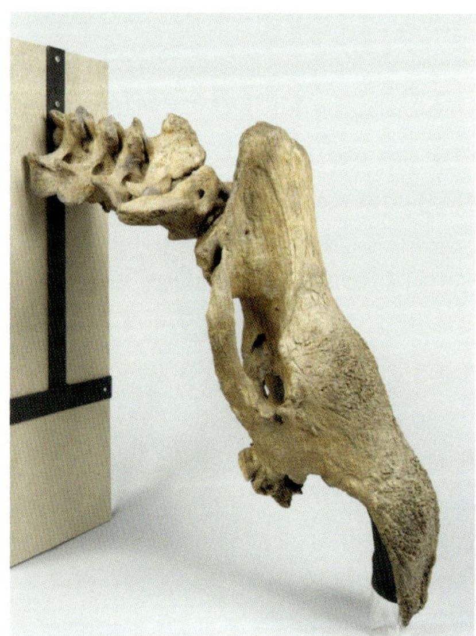

Die extremen Klimaschwankungen der Würmeiszeit brachten auch im Donautal gravierende geologische Veränderungen. Durch die exponierte Lage der Berglitzl kam es mehrfach zu Überflutungen und auch zu Einschotterungen. Diese Ereignisse führten zu Ausschwemmungen und Zerstörung einzelner Kulturschichten, sodass in der Neuzeit fast nur mehr verlagerte archäologische Spuren vorhanden waren, die nach typologischen Gesichtspunkten zu beurteilen sind.

Oberschädel mit Halswirbeln eines Wollhaarnashorns. Gefunden 1928 in der Lössdecke über dem Granitbruch in Gusen.

links: Schaber aus Flussgeröll, Länge 12,6 cm; rechts: Spitze, Länge 6,8 cm.

Im Zuge der Grabung kam auf dem Plateau der Berglitzl eine auffällige „Granitpflasterung" ans Tageslicht. Zur Klärung, ob die freigelegten Steinplatten als natürlich betrachtet werden können, wurden die Quartärgeologen Julius Fink, Vinzenz Janik und Hermann Kohl zur Begutachtung beigezogen. Die eingehenden Untersuchungen ergaben, dass es sich um eine von Menschenhand gelegte Granitpflasterung handelt. Nach dem quartärgeologischen Befund der Experten wurde die Plattenverlegung in der Eem-Warmzeit, also vor etwa 125 000 bis 115 000 Jahren oder spätestens in den darauf folgenden Wärmeschwankungen bis 80 000 vor heute durchgeführt. Das mit Granitplatten ausgelegte Plateau wurde von den Ausgräbern als ausgebauter und gut genützter Lagerplatz interpretiert. Das in sekundärer Fundposition vorgefundene Inventar enthält möglicherweise mittelpaläolithische Komponenten. Pertlwieser stellte einzelne ältere „stark verschliffene" sowie einige relativ scharfkantige „in frischem Zustand" erhaltene Artefakte in das Paläolithikum.

Der Geoarchäologe Alexander Binsteiner hat 2010 an den von der Berglitzl stammenden Steinobjekten eine Material- und Funktionsbestimmung durchgeführt. Aus dem umfangreichen Material hat er 33 Artefakte ausgewählt und dem Mittelpaläolithikum zugeordnet. Bei den von ihm in die Zeit des Neandertalers gestellten Steinwerkzeugen handelt es sich um faustkeilartige Geräte, Abschläge, Spitzen, Schaber und Kratzer. Die Untersuchungsergebnisse sind in den Studien zur Kulturgeschichte von Oberösterreich, Folge 29 aus 2011 festgehalten.

Eine Auswahl der Artefakte von der Berglitzl können im Oberösterreichischen Landesmuseum in Linz sowie im Heimathaus-Stadtmuseum Perg besichtigt werden.

Funde vom Heinrichsbruch, Mauthausen

Beim Abräumen der Lössdeckschichten über dem Granitsteinbruch der Firma Poschacher kamen im Jahr 1900 und später Steinartefakte unterschiedlicher Kulturstufen, Knochen eiszeitlicher Tiere sowie Keramik an das Tageslicht. Beim Aufsammeln der Funde wurde auf keine stratigraphische Ordnung geachtet; mehrere Artefakte wurden aber, so wird berichtet, aus einer Tiefe von 8 Metern geborgen.

Da die Fundstelle Jahrzehnte später nicht mehr einsehbar war, stellte Hermann Kohl 1956 Vergleiche mit einer Deckschicht eines nahe gelegenen Steinbruchs an und stellte fest, dass eine Fundtiefe von 8 Metern eher der frühen Würmzeit entspricht. Aus typologischer Sicht könnten einige der im Depot des Oberösterreichischen Landesmuseums liegenden Artefakte vom Heinrichsbruch in das ausgehende Mittelpaläolithikum passen. Die Fundstelle liegt etwa 40 Meter über dem heutigen Donauniveau.

Der Neandertaler-Lagerplatz von Ernsthofen

Eine bedeutende mittelpaläolithische Fundstelle liegt in Sichtweite von Oberösterreich am rechten Flussufer der Enns in Niederösterreich. Im Zuge von Feldbegehungen sammelte der Heimatforscher Franz Mitterhuber erstmals 1989 von einem damals noch unbebauten Flurstück in der Artmayersiedlung, Gemeinde Ernsthofen, auffällige Steinartefakte auf. Üblicherweise stößt man auf fruchtbaren Böden des unteren Ennstales mit etwas Glück auf neolithische Funde. Spitzen, Klingen, Schaber und Abschläge von der Ackeroberfläche am Rand des Abbruchs zum ehemaligen Flusslauf der Enns passten aber in keiner Weise zu einem neolithischen Inventar. Die Vermutung, dass es sich bei dieser Fundstelle um einen ehemaligen Lagerplatz des Neandertalers handelt, wurde Jahre später von Experten bestätigt. Der Geoarchäologe Alexander Binsteiner hat die umfangreiche Aufsammlung von Ernsthofen sowie die Funde von Dietach (Sammlung Othard Temper) beurteilt. Die Untersuchungsergebnisse wurden in den Linzer Archäologischen Forschungen, Band Nr. 47 mit dem Titel „Steinzeit an der Enns" im Jahr 2016 publiziert. In den vergangenen 30 Jahren konnte Mitterhuber von dieser Fundstelle auf der Niederterrasse der Enns rund 420 Steingeräte aufsammeln und in seine Steinzeitsammlung eingliedern.

Die meisten Steinwerkzeuge dieser Fundstelle bestehen aus hochwertigem Quarzit, gefolgt von Hornstein und Radiolarit. Die Mehrzahl der Artefakte wurde in der Levallois-Technik hergestellt und kann mit großer Wahrscheinlichkeit dem ausgehenden Moustérien (50 000 bis 40 000 Jahre vor heute) zugeordnet werden. Mit der hohen Anzahl der Fundstücke zählt diese Freilandstation zu den umfangreichsten Fundkomplexen des ausgehenden Mittelpaläolithikums im Donauraum. Die Fundfläche dürfte sich auch in die bereits verbauten Grundstücke erstrecken. Diese sind heute nicht mehr zugänglich. Nach Angaben einzelner Hausbesitzer bestand der Aushub der Keller aus Lehm-Löss-Gemisch und nicht wie in der Umgebung üblich aus Schotter. In einem Fall wurde von auffälligen Steinsetzungen berichtet.

Bei der 2021 vorgenommenen Aufnahme der Sammlung Lausecker stellte sich heraus, dass Helmut Lausecker im Zuge seiner Feldbegehungen entlang der Enns auch den ehemaligen Neandertaler-Lagerplatz in Ernsthofen gequert hat. In einer

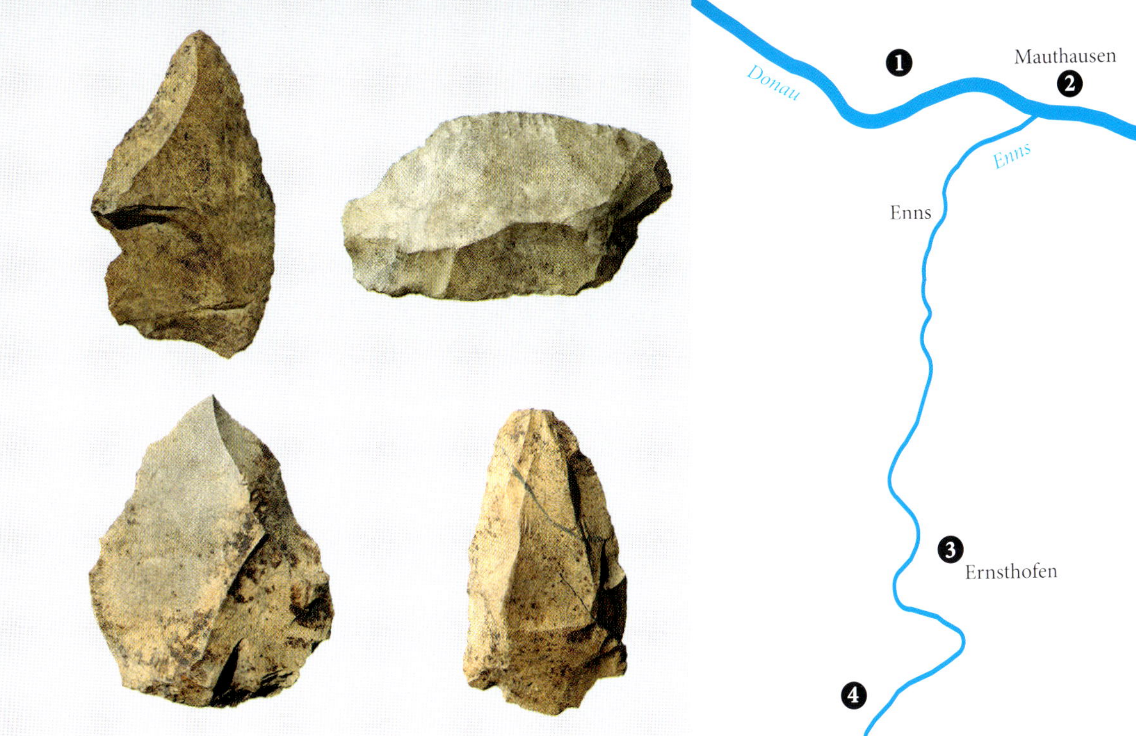

oben links: Spitze mit Kantenretusche, Länge 8,3 cm
daneben: Kantenretuschierter Abschlag, Länge 8,2 cm (beide Ernsthofen)
darunter: zwei Spitzen, Länge je 6,3 cm (beide Staning)
rechts: Mittelpaläolithische Fundstellen an Enns und Donau:
(1) Berglitzl, (2) Heinrichsbruch/Mauthausen, (3) Ernsthofen, (4) Staning

seiner Vitrinen lag ein kantenretuschierter Abschlag, den er in den 1980er-Jahren an dieser bemerkenswerten Freilandstation aufgelesen hat.

Mittelpaläolithische Funde aus Dietach/Staning

Etwa vier Kilometer südlich von Ernsthofen, aber auf der oberösterreichischen Seite am linken Ennsufer, ist eine weitere ehemalige Freilandstation des Neandertalers bekannt. Unmittelbar am Abbruch, hoch über dem Ennsfluss, in der Ortschaft Staning (Dietach) wurde in den 1990er-Jahren von Othard Temper dieser Lagerplatz des späten Neandertalers entdeckt. Vor ihren Behausungen, die aus Ästen und Tierhäuten zusammengebaut waren, konnten die späten mittelpaläolithischen Jäger und Sammler mögliche Beutetiere in der Ferne ausmachen. Das Fundgut zeigt ein ähnliches Erscheinungsbild wie die Artefakte von Ernsthofen und kann ebenfalls in das ausgehende Mittelpaläolithikum gestellt werden. Viele Steingeräte von Staning zeigen Merkmale der Levallois-Technik. Die Funde von Staning liegen beim Finder. Wie bei anderen strategisch gut positionierten Siedlungsplätzen ist auch dieser markante Platz mit guter Fernsicht Jahrzehntausende später von Leuten der Jungsteinzeit und der Bronzezeit als Siedlungsplatz genutzt worden.

Neandertaler und Höhlenbär im Toten Gebirge

Ein ganz außergewöhnlicher Fundplatz mit Hinterlassenschaften des Neandertalers befindet sich im oberösterreichischen Teil des Toten Gebirges. Auf einer Seehöhe von fast 2 000 Metern liegt am Fuß der Ramesch-Nordwand die Ramesch-Knochenhöhle. Der freistehende Ramesch ist ein Teil des Warscheneck-Massivs, das aus vorwiegend flach liegenden Dachsteinkalkbänken aufgebaut ist. Die Höhle ist in der schneefreien Zeit von der Wurzeralm über den Frauenkarlift relativ leicht erreichbar, der Weg erfordert aber Trittsicherheit.

In den Sommermonaten der Jahre 1979 bis 1984 wurde hier im Auftrag des Oberösterreichischen Landesmuseums unter der Leitung von Gernot Rabeder vom Institut für Paläontologie der Universität Wien und Karl Mais vom Institut für Höhlenforschung am Naturhistorischen Museum Wien systematisch gegraben. Verschiedene wissenschaftliche Sparten und insgesamt rund 80 Mitarbeiter, darunter viele Studierende, arbeiteten an diesem Grabungsprojekt mit.

Der Ramesch mit dem Höhleneingang

Das paläontologische Fundgut bestand zu über 99 Prozent aus Knochen- und Zahnresten von Höhlenbären. Nachgewiesen wurden auch Höhlenlöwe, Wolf und Steinbock.

Der Höhlenbär war Pflanzenfresser, der in der vegetationslosen Zeit die gleichmäßigen Temperaturen von Höhlen zur Winterruhe und zum Gebären der Jungen nutzte. In der Ramesch-Knochenhöhle wurden alle Altersstufen – vom Bärenbaby bis zum Bärengreis – nachgewiesen. Die reichhaltigen Funde an Einzelzähnen dienten als Grundlage statistischer Untersuchungen und zu Vergleichen mit anderen Höhlenfaunen. Es konnte festgestellt werden, dass das Gebiss der Höhlenbären einer überaus raschen Evolution unterworfen war.

Im zweiten Grabungsjahr stieß man zur Überraschung der Ausgräber bereits auf ein besonders schön gearbeitetes Feuersteinartefakt. In den Folgejahren konnten noch weitere vier Steinwerkzeuge aus verschiedenen Schichten geborgen werden. Diese sensationellen Funde altsteinzeitlicher Steingeräte bezeugen, dass Neandertaler zur Jagd auch in hochalpine Gebiete vorgedrungen sind und schwer erreichbare Höhlen des Hochgebirges zumindest zeitweise aufgesucht haben. Sie dürften im Zuge ihrer Sommerjagdgänge dort öfter haltgemacht haben. In den Wintermonaten wäre ein Aufenthalt in der Höhle sicher ein äußerst riskantes Unternehmen gewesen. Ausgewachsene Höhlenbären wogen immerhin bis zu eineinhalb Tonnen, hatten eine Schulterhöhe von bis zu 1,7 Metern und eine Länge von bis zu 3,5 Metern und waren sicher keine leichte Jagdbeute. Höhlenbären hätten eindringende Menschen wahrscheinlich angegriffen.

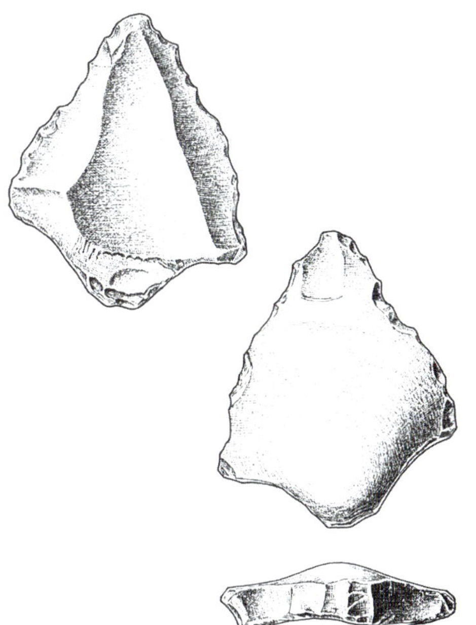

Die gefundenen Hinterlassenschaften der mittelpaläolithischen Jäger stammen sicherlich aus zwischen den Kältephasen der Würmeiszeit gelegenen Warmzeiten. Die Baumgrenze lag während dieser Zeiten

oben: Etwa 35 000 Jahre alte Darstellung von Höhlenbären in der Höhle Chauvet in Frankreich.
unten: Levallois-Spitze, Länge 6,6 cm, aus der Ramesch-Knochenhöhle.

höher als heute und die Umgebung bot wahrscheinlich auch ein ausreichendes Nahrungsangebot für Höhlenbären. Diese Annahme deckt sich auch mit den Pollenfloren aus den Höhlensedimenten.

Die geborgenen Artefakte konnten eindeutig dem Moustérien zugeordnet werden, wobei eine Spitze einen ausgezeichneten Beleg für die Levallois-Technik darstellt. Nach den durchgeführten Uran-Serien-Datierungen lagen die Steingeräte in Schichten mit einem Alter zwischen etwa 60 000 und 30 000 Jahren vor heute. Die Rohstoffe, aus denen die Artefakte gefertigt wurden, könnten aus einem nahe gelegenen Hornsteinaufschluss beim Eisernen Bergl stammen.

In zwei Höhlen, die im steirischen Teil des Toten Gebirges liegen, wurden bereits in den 1920er-Jahren von Einheimischen erstmals urgeschichtliche Geräte ausgegraben.

Aus der Salzofenhöhle stammen Steinwerkzeuge und Knochen von Höhlenbären und Höhlenlöwen. Ein ursprünglich als Knochenflöte eingeschätztes Knochenfragment stellte sich nach eingehenden Untersuchungen als Knochen mit Bissspuren heraus. Die Steingeräte aus der auf über 2 000 Meter liegenden Salzofenhöhle wurden auf über 30 000 Jahre vor heute datiert.

Das auf der Ostseite des Krahsteins auf 1 280 Meter liegende Lieglloch befindet sich in der Marktgemeinde Bad Mitterndorf. Ein Großteil der von Laien aus dem Lieglloch geborgenen Artefakte und Knochen sind heute verschollen. 1947 führte Maria Mottl-Györffy in dieser Höhle erstmals eine wissenschaftliche Untersuchung der noch intakten Schichten durch. Sie stieß auf zwei Kulturschichten, deren Steingeräte in das Jungpaläolithikum um 30 000 Jahre vor heute gestellt wurden.

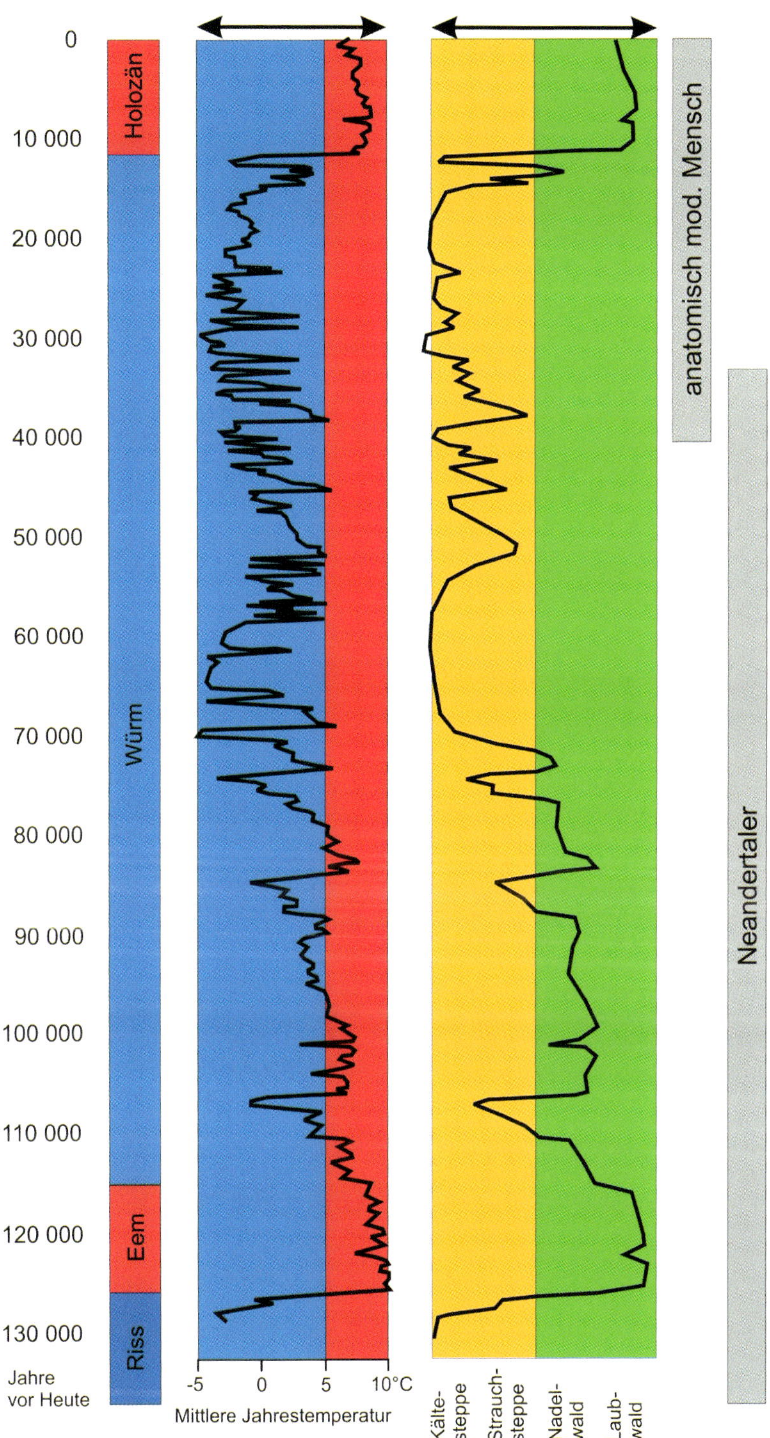

Klimakurve der letzten Eiszeit (Würmeiszeit)

Rotes Handnegativ mit angedeutetem Mammut
aus der Grotte Chauvet Pont-d`Arc (Ardèche)

Das Jung- und Spätpaläolithikum

(ca. 43 000 – ca. 11 700 Jahre vor heute)

In einem klimatisch günstigeren Zeitabschnitt, vor etwa 43 000 Jahren, sind die ersten anatomisch modernen Menschen aus Südosten in Europa angekommen. Es ist dies die Zeit, in der Neandertaler und Neuankömmlinge auch in unserer Gegend aufeinandergetroffen sein könnten.

Für die Wissenschaft beginnt mit dem Erscheinen des *Homo sapiens* in Europa die Ära der jüngeren Altsteinzeit – das Jungpaläolithikum. Parallel zum auslaufenden mittelpaläolithischen Fundinventar des Neandertalers trat nun eine neue Werkzeugtechnologie in den Vordergrund. Schmale Klingen wurden von speziell zugerichteten Kernen abgeschlagen. Daraus wurden wiederum verschiedene Geräte wie Kratzer, Bohrer und Stichel mit speziellen Funktionen hergestellt, die auf eine hochspezialisierte Feinmotorik des Menschen schließen lassen. Geschossspitzen aus Knochen und Geweih traten erstmals auf. Die Wissenschaft geht mehrheitlich davon aus, dass diese technologisch weiterentwickelten Hinterlassenschaften bereits von der neu eingewanderten Menschenform stammen.

Ab etwa 30 000 Jahren vor heute wurde es wieder kälter, die Gletscher begannen zu wachsen und die Jahresdurchschnittstemperaturen lagen ständig unter dem heutigen Niveau. Es gab lange kalte und schneearme Winter und kurze warme Sommer. Langanhaltende Hochdruckphasen und hoher Sonnenstand brachten aber in der kurzen Sommerzeit eine nährstoffreiche Vegetation hervor, sodass das Ökosystem einer Vielzahl von Pflanzenfressern ausgedehnte Weideflächen bot. Vorherrschend war eine mit Gräsern, Kräutern und Sträuchern bewachsene Steppenlandschaft. In geschützten Lagen konnten sich Birke, Weide, Kiefer, Lärche und Fichte in kleinen Baumgruppen halten – vergleichbar mit der heutigen Baumgrenze in den Alpen. Das Donautal war klimatisch begünstigt und bot sicherlich für kleine Jägergruppen die notwendigen Lebensgrundlagen. Neben dem Sammeln von Wildfrüchten, Beeren und Wurzeln bildete die Jagd auf Groß- und Kleinwild die Nahrungsquelle der eiszeitlichen Wildbeuter. Mit Knochenspitzen und Steinklingen bewehrte Lanzen und Speere waren wirkungsvolle Jagdwaffen für die Großwildjagd. Hauptjagdwild waren das Ren, das Wildpferd und der Steinbock. Aber auch der Wisent, die Saiga-Antilope, der Riesenhirsch, der Rothirsch, das bis zu acht Tonnen schwere Wollhaarmammut, das Wollhaarnashorn und verschiedene Kleintiere wie Schneehase, Vögel und Fische waren begehrte Jagdbeute. Jagdkonkurrenten waren Wolf, Fuchs, Bär, Hyäne, Vielfraß, Löwe und vermutlich der späte Neandertaler, der bei Ankunft des anatomisch modernen Menschen in Europa noch in kleinen Rückzugsräumen gelebt haben dürfte.

Es waren teils harte Bedingungen, unter denen die Menschen während der letzten zu Ende gehenden Eiszeit in Mitteleuropa lebten. Alles, was sie an Nahrung und Rohstoffen brauchten, brachte die natürliche Umwelt hervor, musste allerdings oft mühevoll und gut überlegt der Natur abgerungen werden. Die klimatischen Schwankungen waren für den damaligen Menschen eine enorme

Neandertaler trifft anatomisch modernen Menschen

Herausforderung und gleichzeitig Triebfeder der Entwicklung seiner Intelligenz und Kreativität.

Die Jäger und Sammler der letzten Würmeiszeit-Kaltphase waren wie alle altsteinzeitlichen Menschen Nomaden und folgten in kleinen Gruppen den jahreszeitlich bedingten Zügen der Wildtiere. Die weiten Wanderungen wurden auch dazu genützt, an Rohmaterialien und Schmuckobjekte zu kommen, die dann durch Direktentnahme aus bekannten Fundstellen oder im Tausch erworben wurden. Diese Mobilität trug wesentlich zum Entstehen von weitreichenden sozialen Netzwerken bei und förderte die Entwicklung gleichartiger Techniken zur Herstellung von Steinwerkzeugen und Jagdwaffen.

Bei verschiedenen Zusammentreffen der Gruppen wurden neben Genen sicher auch Gedanken und Erfahrungen zu Jagdstrategien, sozialen Strukturen, Spiritualität und schamanischen Praktiken ausgetauscht. Über Gesänge, Bemalung, Federschmuck sowie rituelle Tänze zu Trommel-, Rassel- und Flötenmusik können wir nur spekulieren.

Als Lagerplatz eigneten sich neben den spärlich vorhandenen Höhlen und Felsüberhängen besonders sonnenbegünstigte, häufig mit Löss bedeckte Südhänge. Löss besteht aus Gesteinsstaub, der während der kalten und trockenen Klimaphase angeweht wurde. Konstruktionen aus Holz, Knochen und Geweihen, die mit Häuten, Fellen und Ästen bedeckt waren, dienten als Unterschlupf und boten Schutz vor Wind und Kälte. Feuerstellen gab es sowohl innerhalb als auch außerhalb dieser zeltartigen Behausungen. Bei Ausgrabungen gefundene kleine Vertiefungen mit zerplatzten Geröllen in der Nähe der Feuerstellen weisen auf Kochgruben hin. In den mit Fellen ausgekleideten und mit Wasser gefüllten Gruben wurde mit zuerst im Feuer erhitzten Steinen Nahrung gekocht.

Im Jungpaläolithikum legte der Mensch bereits vielfach ein System von Basislagern und kleinen Nebenlagern an, die man im Zuge der Jagd aufsuchte. Es war wohl immer nur ein Teil der Gruppe auf der Pirsch. Der Rest der Sippe sowie ältere Menschen und Kinder blieben im Basislager und sammelten vielleicht pflanzliche Nahrung. Früchte, Beeren, Kräuter, Samen und Wurzeln leisteten einen

links: Schematische Darstellung der Klingentechnik nach Thorsten Uthmeier, 2004.
rechts: Wieder zusammengesetzter jungpaläolithischer Klingenkern aus der Sesselfelsgrotte in Bayern

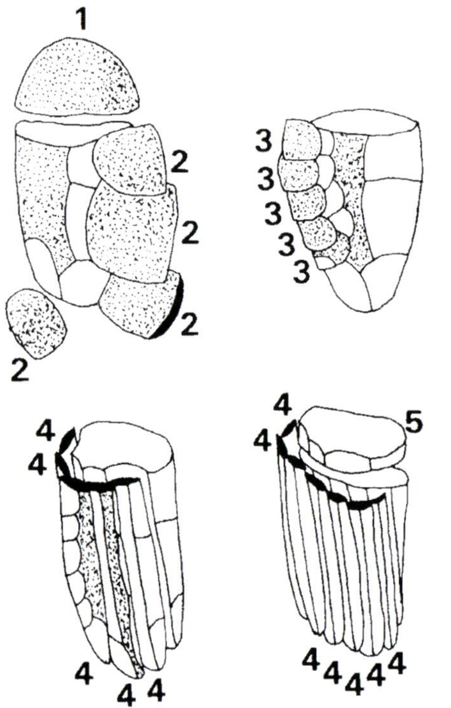

wichtigen Beitrag zur Ernährung. Das Verwerten der Jagdbeute erfolgte meist in den Basislagern. Ein erlegtes Wollhaarmammut sicherte für die Gruppe nicht nur für lange Zeit den Eiweißspender Fleisch, sondern war auch Grundstofflieferant für lebensnotwendige Materialien. Ein Teil des Fleisches wurde gleich am offenen Feuer gebraten und verzehrt, der Rest an der Luft getrocknet oder geräuchert. Häute wurden in vielen komplizierten Arbeitsschritten entweder zu Leder verarbeitet oder als Felle für Bekleidung oder zum Zeltbau verwendet. Knochen wurden zerschlagen, um an das nahrhafte Mark zu gelangen. Elfenbein und Knochen dienten aber auch zum Stabilisieren der Zelte, als Rohstoff für Werkzeuge und Schmuck sowie als Brennmaterial. Sehnen wurden aufbereitet als Nähmaterial verwendet. Aus Fundresten von Bestattungen konnte die Bekleidungsausstattung der Menschen des letzten Eiszeitzyklus ansatzweise rekonstruiert werden. Die Hosen und Oberbekleidungen waren aus Leder und dürften oft reich mit Schnecken- und Muschelschalen sowie aus Knochen und Elfenbein gefertigten Perlen besetzt gewesen sein.

Über die Geschlechterrollen im Jungpaläolithikum wissen wir sehr wenig, denn es liegen uns zu dieser Thematik kaum eindeutige archäologische Befunde vor. Ethnografische Analogien können uns vielleicht bei dieser Frage weiterhelfen. Die soziale und biologische Rolle der Mutter bei rezenten (gegenwärtig noch auftretenden) Völkern, die als Wildbeuter leben, ist mit der in unserer westlichen Gesellschaft nicht zu vergleichen. Bei Frauen von erforschten Jäger- und Sammler-Kulturen hält sich die körperliche Einschränkung durch Schwangerschaft, Stillen und Kinderbetreuung in Grenzen, sodass von Müttern auch andere, oft schwere Tätigkeiten verrichtet werden. Aus ethnologischer Sicht ist es durchaus denkbar, dass jungpaläolithische Frauen an Großwildjagden beteiligt waren und vielleicht auch Steinwerkzeuge und Kunstwerke herstellten. Außerdem

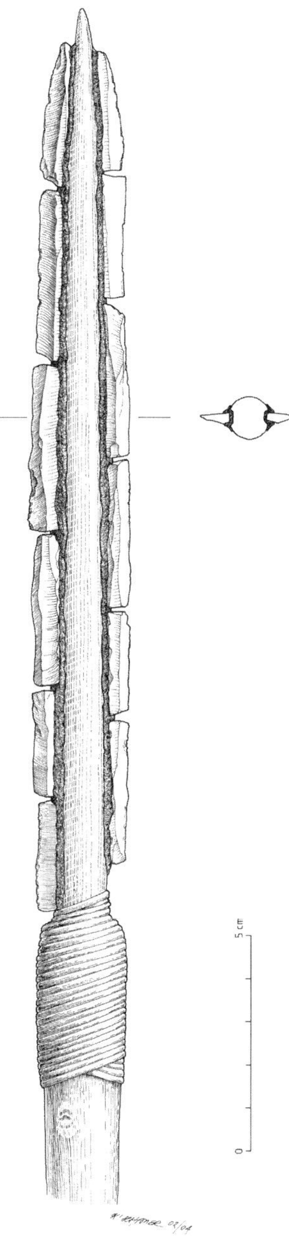

Zusammengesetzte Geschossspitze

Einfacher Windschirm

müssen es starke Frauen gewesen sein, die im Zuge der ständigen Wanderungen mit schwerem Gepäck lange Strecken zurückgelegt haben.

Neben gravierenden Veränderungen bei der Werkzeugtechnologie brachte die neue Menschenform erstmals kulturelle Höchstleistungen hervor. In den folgenden Jahrtausenden entstanden die frühesten figuralen Kleinkunstwerke und Höhlenmalereien. Wenige Zentimeter kleine, präzise Tierplastiken aus Elfenbein fertigten die Künstler vor etwa 40 000 bis 35 000 Jahren in den Höhlen der Schwäbischen Alb in Süddeutschland. Die meisten der einzigartigen Felsbilder kennen wir aus Südwestfrankreich und Nordspanien. Als Farbgrundstoffe dienten Holzkohle, Mangandioxid, Hämatit, Limonit, Goethit und Ocker. Die schönen und außergewöhnlichen der Nachwelt erhalten gebliebenen frühen Meisterwerke können nur von mit hellem Geist geführten Augen, Händen und Fingern angefertigt worden sein. Die am häufigsten dargestellten Motive der jungpaläolithischen Felsmalereien und -gravuren sind Darstellungen von jagdbarem Wild. Schwer zu deutende magische, rituelle oder spirituelle Hintergründe dürften die Gründe für diese Motivwahl gewesen sein. Bei flackerndem Lagerfeuer begleiteten vermutlich Flötenklang und Trommelschlag rituelle Handlungen von Schamanen.

Die kunstvoll gefertigten weiblichen Kleinplastiken von ehemaligen jungpaläolithischen Lagerplätzen Europas lassen ebenfalls viel Raum für Spekulation. Es könnte sich um Fruchtbarkeitssymbole, Ahnenkult oder eine Art „Urmutter" handeln. Aus Österreich sind die beiden aus Stein gefertigten Frauenfiguren „Fanny vom Galgenberg" (ca. 36 000 Jahre vor heute) und „Venus von Willendorf" (ca. 29 500 Jahre vor heute) ein Begriff.

Verschiedene Schmuckstücke aus organischem Material und Stein, durchbohrte Tierzähne sowie mineralische Farbstoffe, die der Körperbemalung dienten, hatten keinen technischen Nutzen, sondern zeugen von Kunstfertigkeit und vom Wunsch nach Individualität oder sind Zeichen einer bestimmten Gruppenzugehörigkeit.

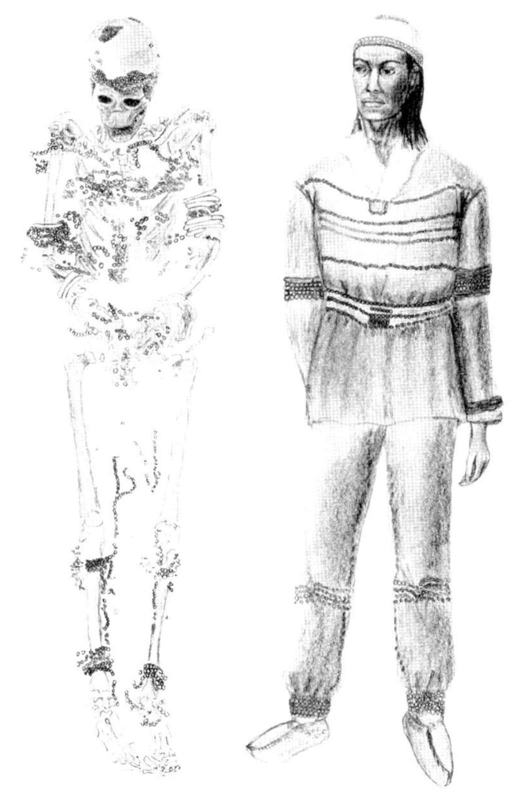

Die Bestattung von Sungir und rekonstruierte Bekleidung

Bestattungen mit aufwendigen Beigaben deuten bereits auf einen ausgeprägten Jenseitsglauben hin und können uns Hinweise über Gedankenwelt und soziale Strukturen geben. Beerdigungen, Grabbeigaben und Trauerrituale sind Kulturleistungen, die auf eine transzendente Vorstellungswelt hinweisen. Ein Beispiel dafür kennen wir aus Sungir, nordöstlich von Moskau. Dort wurden im letzten Jahrhundert unter einer mehrere Meter dicken Lössschicht drei besonders reich ausgestattete Gräber entdeckt. Die Bekleidungen der Toten waren mit Tausenden Elfenbeinperlen besetzt. Zahlreiche Anhänger, Elfenbeinlanzen und Hunderte Zähne von Polarfüchsen verzierten Gürtel und Kappen. Diese Bestattungen weisen ein kalibriertes Alter von 34 000 bis 30 000 Jahren vor heute auf.

Aus Krems-Wachtberg in Niederösterreich kennen wir die 2005 von Archäologen entdeckte älteste Zwillingsbestattung der Welt. Die etwa 31 000 Jahre alten Skelette der Neugeborenen waren in Rötel gebettet und mit einem Mammutschulterblatt abgedeckt. Wertvolle Schmuckketten als Grabbeigaben und die aufwendige Grabkonstruktion belegen Verlustschmerz und Fürsorge der Hinterbliebenen für ihre toten Kleinstkinder.

Die Erfindung einer neuen, sehr effektiven Jagdwaffe, der Speerschleuder, fällt in die ausgehende jüngere Altsteinzeit. Mithilfe eines Schleuderstabes konnte durch die Hebelwirkung des Armes das Projektil auf eine Geschwindigkeit von über 100 km/h beschleunigt werden. Etwa zur gleichen Zeit erfolgte auch die Domestizierung des Wolfes zum Jagdbegleiter.

Das Jungpaläolithikum war eine Periode mit extremen Klimaschwankungen und dem Höchststand der Vereisung vor etwa 20 000 Jahren. Zu dieser Zeit erreichten die Gletscher ihre maximale Ausdehnung. Sehr viel Wasser war im Festlandeis gebunden und der Meeresspiegel lag weltweit bis zu 120 Meter unter dem heutigen Niveau. Das Salzkammergut und die heutige Stadt Salzburg waren mit einem dicken Eisschild bedeckt. In den Alpen füllten mehr als 1 000 Meter mächtige Eisströme die Täler. Sie drangen weit in das Alpenvorland vor und hobelten dort die Becken der Seen aus. Zwischen Dänemark, der Bretagne und England war über Jahrtausende kein Meer, sondern Landmasse. Viele Gebiete Europas dürften klimatisch bedingt zu dieser Zeit menschenleer gewesen sein. Der Donaukorridor war auch zu dieser Zeit eisfrei und bot für Mensch und Tier noch ausreichend lebensnotwendige Bedingungen. Auf den Grassteppen weideten Wollhaarmammut, Wollhaarnashorn, Riesenhirsch, Wildpferd und Rentier.

Während der letzten Eiszeit dürfte Europa äußerst dünn besiedelt gewesen sein. Die Jäger- und Sammlergruppen waren sehr mobil und durchstreiften weite Gebiete der eisfreien Regionen des Kontinents. Sie verbrachten das Jahr an verschiedenen Orten, an denen sie sich mit den nötigen Ressourcen versorgen konnten.

Mit verschiedenen Methoden und Hypothesen versuchen Forscher annäherungsweise die Populationsgrößen im Jungpaläolithikum abzuschätzen. Mit der Dichte und Verteilung der Fundstellen bestimmter Artefakttypen und Radiokarbondatierungen können die relative Zu- und Abnahme der Bevölkerungsgrößen näherungsweise eingeschätzt werden. Die auf den Fundplätzen vorgefundenen

Handhabung der Speerschleuder

Rentierjagd mit Einsatz der Speerschleuder

Gesteinsarten geben zusätzlich Auskunft über Bewegungsradien und Landnutzung der Menschen. Erkenntnisse aus Genetik und Informationen über Gruppengrößen aus der Ethnologie sind ebenfalls in den Berechnungsmodellen berücksichtigt worden.
Nach bisher vorliegenden Erkenntnissen gab es in Europa in den ersten 30 000 Jahren der Anwesenheit des anatomisch modernen Menschen im Mittel jeweils weniger als 10 000 gleichzeitig lebende Individuen. Während dieser Zeit dürfte es auch regional starke Populationsschwankungen gegeben haben. Erst mit der klimatischen Erwärmung am Ende der letzten Eiszeit ist ein deutlicher Anstieg der Bevölkerung zu erkennen.

Die Altsteinzeit endete mit dem Spätpaläolithikum vor etwa 11 700 Jahren. Das Klima wurde wieder milder, Flora und Fauna unterlagen einem stetigen Wandel, und damit auch das jagdbare Wild. Die Zeit der Großsäuger wie Wollhaarmammut und Wollhaarnashorn ging zu Ende und es änderten sich auch die Jagdstrategien und Jagdwaffen der Menschen. Im ausgehenden Spätpaläolithikum dürften die Jäger bereits mit Pfeil und Bogen auf Pirsch gegangen sein.

In Mitteleuropa gliedert sich das Jungpaläolithikum in vier Technologiekomplexe:

das **Aurignacien** – vom Erscheinen des *Homo sapiens* in Europa vor etwa 43 000 Jahren bis etwa 33 000 Jahre vor heute, in

das **Gravettien** bis etwa 25 000 Jahre vor heute,

das **Letzte Glaziale Maximum (LGM)** bis etwas 20 000 Jahre vor heute und

das **Magdalénien** bis etwa 14 000 Jahre vor heute.

Diese Bezeichnungen wurden teilweise von bekannten Fundstellen in Frankreich übernommen.

Der Zeitabschnitt vom Ende der großen Eiszeitjäger bis etwa 11 700 Jahre vor heute wird als „Spätpaläolithikum" bezeichnet.

Im Gegensatz zu Niederösterreich sind aus Oberösterreich bis vor wenigen Jahren nur bescheidene Hinterlassenschaften des Menschen aus der zu Ende gehenden letzten Eiszeit bekannt geworden. Mit der Entdeckung von zwei jungpaläolithischen Freilandstationen auf dem Gemeindegebiet der Stadt Perg (Weinzierl 1 und 2) wurde der Nachweis erbracht, dass der anatomisch moderne Mensch bereits vor der letzten großen Vereisung im heutigen Oberösterreich Jagdlager unterhalten hat. Es ist sehr wahrscheinlich, dass weitere ehemalige jungpaläolithische Lagerplätze im oberösterreichischem Donauraum und am Rand von Beckenlagen noch unter der Ackerscholle verborgen liegen.

Bilder auf den folgenden Seiten:
Seite 53 oben: Pferd aus Mammutelfenbein aus der Vogelherdhöhle in der Schwäbischen Alb,
unten links: Mammutplastik aus der Vogelherdhöhle;
unten rechts: Diese Flöte aus Mammutelfenbein aus dem Geißenklösterle ist ca. 35 000 Jahre alt.
Seite 54: Venus von Willendorf
Seite 55 oben: das Löwenfries aus der Grotte Chauvet-Pont-d'Arc (Ardèche);
unten: Pferdedarstellung aus der Grotte Chauvet-Pont-d'Arc (Ardèche),
Seite 56 oben: Pferd im axialen Gang, von verschiedenen Zeichen umgeben
aus der Grotte de Lascaux, Montignac (Dordogne)
unten links: Gepunktete Pferde aus der Grotte de Pech-Merle (Ardèche)
unten rechts: Großer schwarzer Hirsch aus der Grotte de Lascaux, Montignac (Dordogne)

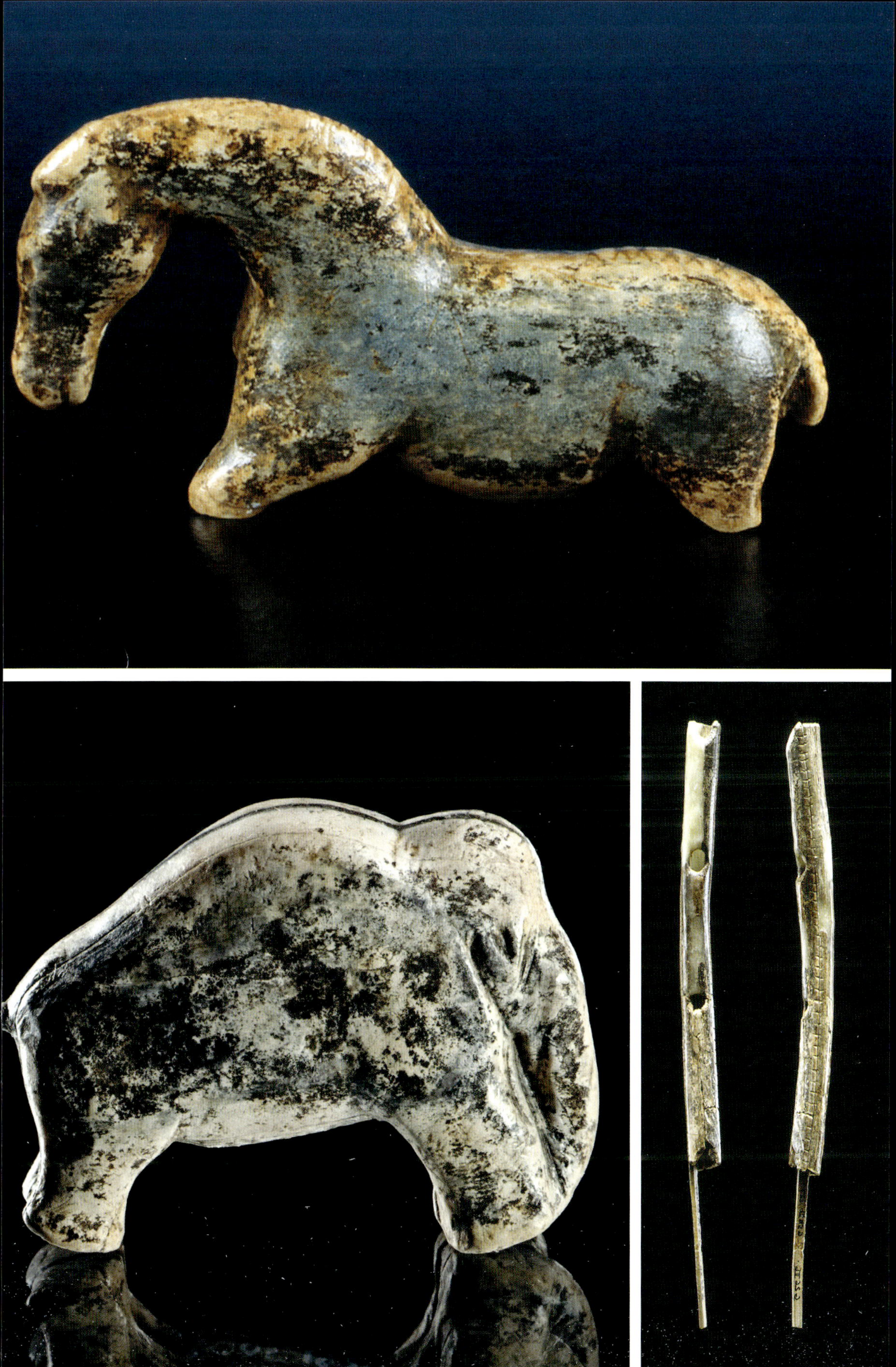

Zwei jungpaläolithische Jagdlager an der Donau

Die Nähe zum seinerzeit breiten und aus mehreren Wasserläufen bestehenden Flussgerinne der Donau war in den Kaltzeiten der Altsteinzeit wohl eine wichtige Voraussetzung für eine erfolgreiche Jagd auf das dort lebende Großwild.
Würmzeitliche Lössablagerungen auf den in das Donautal abfallenden Hängen der Böhmischen Masse dürften auch im beginnenden Jungpaläolithikum geeignete Lagerplätze für den erstmals einwandernden *Homo sapiens* geboten haben.
In der westlich der Stadt Perg gelegenen Katastralgemeinde Weinzierl wurden Ende des vorigen Jahrhunderts zwei jungpaläolithische Freilandstationen entdeckt. Die Oberflächenfundplätze befinden sich auf landwirtschaftlich intensiv genutzten Ackerflächen und liegen etwa 50 Meter über dem heutigen Donauniveau. Diese erhöhten Plätze boten den Eiszeitjägern gute Fernsicht und eigneten sich vortrefflich zum Beobachten der Wildtiere im dort breiten, seinerzeit mit vielen verzweigten Flussarmen durchzogenen Donautal. Unweit der Stationen verlassen die Flüsse Aist und Naarn, von Norden kommend, das Hügelland des Unteren Mühlviertels.
Mit den beiden wissenschaftlich untersuchten jungpaläolithischen Jägerstationen konnte eine auffällige Fundlücke an der Donau zwischen der Wachau in Niederösterreich und dem Regensburger Raum in Bayern geschlossen werden. Es wurde auch erstmals der Nachweis erbracht, dass der frühe *Homo sapiens* zumindest zeitweise in Oberösterreich lagerte.
Mein Kontakt zum Linzer Stadtarchäologen Erwin M. Ruprechtsberger führte 2009 zur Aufnahme eines Teiles meiner Sammlung in das Projekt „Rohstoffanalysen von Steingeräten aus dem Linzer Raum". Verschiedene Fundstücke von Weinzierl 1 wurden vom Geoarchäologen Alexander Binsteiner untersucht. Die Ergebnisse seiner Analysen sind im Sonderheft Nr. 43 der Linzer Archäologischen Forschung 2009 veröffentlicht.
In den letzten Jahren wurden dann die jungpaläolithischen Funde (Sammlung Ardelt) und Fundplätze von Weinzierl im Rahmen eines interdisziplinären Kooperationsprojekts weiter erforscht und dokumentiert.

Weinzierl 1

Im Zuge von Geländebegehungen entdeckte ich Ende 1987 westlich vom Weiler Weinzierl die eiszeitliche Jägerstation Weinzierl 1. Die Fundstelle befindet sich auf einem durch Erosion, Terrassierung und landwirtschaftliche Nutzung abgeflachten und in westlicher Richtung bis an das Donau-Schwemmgebiet vorspringenden Geländesporn. Am Fuß des südlichen Abhangs entspringt eine starke Quelle. Jeweils nach dem Umpflügen konnte ich bei systematischen Begehungen

im Uhrzeigersinn: Unretuschierte Klinge aus Radiolarit, Länge 8 cm; Klingenrestkern aus dicht verkieseltem Flyschsandstein, Höhe 4,1 cm; Retuschierte Spitze aus Chalzedon, stark patiniert, Länge 6 cm; Bohrer aus Radiolarit, größter Durchmesser 2,6 cm; Nasenkratzer aus Hornstein, Länge 5,2 cm;

zwischen 1987 und 2020 etwa 3 000 Steinartefakte, viele Trümmerstücke, Rauchquarze, Bergkristallstücke sowie nicht näher spezifizierte Knochenteile von der Ackeroberfläche aufsammeln. Das Fundgut der Freilandstation Weinzierl 1 umfasst die gesamte Palette der jungpaläolithischen Gerätschaft aus Stein. Neben der hohen Anzahl an Abschlägen und Restkernen dominieren unter den Geräten verschiedene Klingen und Klingenfragmente sowie meist hohe Kratzer- und Schabertypen. Auffällig ist die relativ große Anzahl an mittleren und kleinen, meist unretuschierten Klingen und Lamellen. Aus formenkundlichen Gesichtspunkten wurde die Mehrzahl der Artefakte dem Technologiekomplex des Aurignacien (etwa 43 000 bis 33 000 vor heute) zugewiesen.

Eine Besonderheit von Weinzierl 1 sind die vielen Rauchquarz- und Bergkristallstücke, aus denen teilweise präzise Geräte wie Kratzer und retuschierte Lamellen hergestellt wurden. Im Fundgut befinden sich auch unbearbeitete Stücke Gagat.

Die vielen vorgefundenen Granit- und Grünsteinstücke dürften als Schlagsteine, zur Begrenzung der Feuerstellen, für Pflasterungen und zum Beschweren der Zelte verwendet worden sein.

Von den organischen Lesefunden sind drei Objekte von besonderem Interesse. Eine tertiäre Herzmuschel (*Cardium Vineboneri*) ist mit einer Schlitzlochung versehen und dürfte als Anhänger oder Applikation getragen worden sein. Schmuckmuscheln dieser Art kennt man ansonsten vorwiegend von Fundplätzen im südlichen Europa. Eine fossile Turmschnecke aus der Gattung der Turritellen weist eine ovale Lochung auf und dürfte ebenfalls als Schmuckstück getragen worden sein. Diese fossilen Schalen können aus einem geologischen Aufschluss im östlichen Niederösterreich oder aber auch aus dem Westen, zum Beispiel aus der Erminger Turritellenplatte bei Ulm, stammen. Ein möglicher Verwendungszweck einer kleinen, geschnitzten Spitze aus Knochen ist unklar.

2015 haben Professor Thorsten Uthmeier und Andreas Maier von der Friedrich-Alexander-Universität Erlangen-Nürnberg die Artefakte von Weinzierl 1

Lamellen aus Bergkristall; ganz rechts: Kratzer aus Bergkristall

Fossile Muschel mit Schlitzlochung, Länge 2,2 cm

begutachtet. Hierbei ergab sich die Arbeitshypothese, dass es sich bei den Funden möglicherweise auch um ein Inventar aus der Zeit des Letzten Glazialen Maximums (ca. 25 000 bis 20 000 vor heute) handeln könnte.

Um einer Beantwortung der Frage nach der zeitlichen Einordnung der Funde näher zu kommen, wurde im Juli 2016 von Andreas Maier, damals noch am Institut für Ur- und Frühgeschichte der Friedrich-Alexander-Universität Erlangen-Nürnberg tätig, und Thomas Einwögerer von der Akademie der Wissenschaften in Wien mit Studierenden der Universitäten Wien und Erlangen-Nürnberg eine Prospektion der Fundstelle Weinzierl 1 mittels Rammkernsondagen durchgeführt. Ziel des großräumig angelegten Bohrrasters war es herauszufinden, ob Teile der Fundschicht noch *in situ* vorhanden sind, welche Ausdehnung und räumliche Verteilung diese gegebenenfalls haben und – falls möglich – Material für eine radiometrische Datierung zu gewinnen. Die Auswertung der 20 jeweils bis zu 3 Meter langen Bohrkerne hat ergeben, dass nach einer etwa 40 Zentimeter mächtigen Humusschicht heller, gelber Löss folgt und keine Kulturschichten nachweisbar sind.

2017 wurden die Aufsammlungen von Weinzierl 1 vom ausgewiesenen Experten für paläolithische Fragestellungen, Andreas Maier, eingehend aufgenommen, befundet und dokumentiert.

Die Rohmaterialien beider Fundstellen von Weinzierl wurden dann 2020 vom international renommierten Geoarchäologen Michael Brandl von der Österreichischen Akademie der Wissenschaften in Wien einer eingehenden Einzelartefakt-Analyse unterzogen. Demnach dominieren bei Weinzierl 1 Hornsteine, nordalpine Radiolarite und Spikulite aus lokalen Schottern sowie dicht verkieselte Sandsteine aus der Flyschzone, die ebenfalls in den Schotterbänken der Paläo-Donau zu finden sind. Auch die stark abgerollten südbayerischen Hornsteine wurden mit hoher Wahrscheinlichkeit aus den lokal anstehenden Donauschottern entnommen. Klare Quarze und Rauchquarze dürften aus nahen Klüften der Böhmischen Masse stammen. Im Inventar von Weinzierl 1 befinden sich aber auch lithische Materialien, die seinerzeit über weite Strecken zum Lagerplatz gebracht wurden. So dürfte Jaspis aus primären Lagerstätten, wie sie im Kontext der Böhmischen Masse im Waldviertel als sekundäre Verwitterungsprodukte von Serpentinitkörpern auftreten, stammen. Interessant ist das Vorhandensein von glasigen Rhyolithen, die im nördlichen Waldviertel und im südböhmischen

Raum zu finden sind. Dieses Mineral wurde in Weinzierl erstmalig in einer jungpaläolithischen Fundstelle Ostösterreichs festgestellt. Erratischer Flint stellt das Material aus den am weitesten von der Fundstelle Weinzierl 1 entfernten Lagerstätten entlang der sogenannten Feuersteinlinie in Nordböhmen und Südpolen dar. Nachdem aus dieser Region keine Flüsse nach Süden entwässern, gelangte dieser Rohstoff nicht auf natürliche Weise über die ausgedehnten eiszeitlichen Endmoränen hinaus und musste folglich von dort beschafft werden.

Aus den seit 1987 oberflächlich aufgesammelten organischen Funden wurden einzelne Knochen aussortiert und 2018 erstmals einer Radiokarbonuntersuchung zugeführt. Bei einem Knochen reichte der Kollagengehalt offensichtlich für eine Analyse aus und es konnte für dieses Knochenstück ein kalibriertes ^{14}C-Alter von 31 200 Jahren vor heute ermittelt werden. Aufgrund dieser ^{14}C-Datierung kann man bei Weinzierl 1 von einem sehr späten Aurignacien oder frühen Gravettien sprechen. Einzelne kleinformatige Artefakte dürften aber von einer jüngeren Begehung stammen. Eine weitere 2018 durchgeführte Radiokarbondatierung an einem Knochen von Weinzierl 1 erbrachte ein kalibriertes Ergebnis von 25 000 Jahren vor heute. Mit dieser Datierung ist eine spätere Nutzung dieses

Rammkernsondage

Geländesporns als Lagerplatz zu Beginn des Letzten Glazialen Maximums belegt. Die großflächige Fundstelle in Grubgraben bei Kammern in Niederösterreich fällt etwa in diesen Zeithorizont. Seit Jahren wird dort professionell gegraben und wissenschaftlich gearbeitet.
Nach rund drei Jahrzehnten regelmäßigen Absammelns der Feldoberfläche ist die Fundstelle Weinzierl 1 erschöpft, die meisten altsteinzeitlichen Artefakte sind geborgen und vor weiterer Zerstörung durch Landmaschinen und Umwelteinflüsse bewahrt.

Weinzierl 2

1997 stieß ich erstmals auf die östlich vom Weiler Weinzierl gelegene Freilandstation Weinzierl 2. Wie sich später herausstellte, war ich nicht der einzige Sammler auf dieser Fundstelle.
Der ehemalige eiszeitliche Lagerplatz Weinzierl 2 liegt auf dem nach Osten geneigten Rücken eines nach Norden, Süden und Osten abfallenden landwirtschaftlich intensiv genutzten Feldes. Am östlichen Fuß des Hügels fließt, tief im Zaubertal eingegraben, der Zeitlingerbach.
Um der Kuppe des Feldes nordseitig etwas die Steilheit zu nehmen, wurde vom Grundeigentümer Anfang des 21. Jahrhunderts ein Teil der fundführenden Geländekuppe abgeschoben und in den nordöstlichen Teil des Feldes verfrachtet, sodass auch ab diesem Zeitpunkt dort jungpaläolithisches Inventar zu finden war. Zwischen 1997 und 2020 konnte ich von diesem Fundplatz etwa 2 000 Steinartefakte, mehrere fossile Schmuckstücke, einen durchlochten Anhänger aus Stein und verschiedene Knochenreste aufsammeln.
Der Großteil der Steinartefakte besteht aus Trümmerstücken und Abschlägen. Massive Klingen, Nasenkratzer und Geräte mit steilen Retuschen ließen aus typologischer Sicht auf eine Aurignacienfundstelle schließen.
Michael Brandl hat bei seinen umfangreichen Rohstoffanalysen 2020 festgestellt, dass – wie schon bei Weinzierl 1 – auch bei Weinzierl 2 verschiedene Hornsteinvarietäten, nordalpine Radiolarite, nordalpine Spikulite und verkieselte Flyschzonensandsteine dominieren. Diese Materialien wurden mit hoher Wahrscheinlichkeit aus den Donauschotterkörpern entnommen. Im Gegensatz zu Weinzierl 1 wurde in Weinzierl 2 auch Kieselkalk, der ebenfalls im Donauschotter vorkommt, für die Produktion von Steingeräten verwendet.
So wie für Weinzierl 1 ist auch für Weinzierl 2 anzunehmen, dass in beiden Stationen Steinschlägerateliers bestanden haben. Von beiden Fundstellen liegen Restkerne und Schlagsteine mit Schlagmarken und Aussplitterungen vor. Aus der Vielzahl der Abschläge und Klingen konnten teilweise ursprüngliche Steinknollen rekonstruiert werden.

im Uhrzeigersinn: Retuschierte Klinge aus Radiolarit, Länge 6,6 cm; Abschlag aus Spikulit mit steiler Kantenretusche, Länge 5,5 cm; Zwei Kratzer aus Radiolarit, der rechte ist 4,3 cm lang; Großer Kern aus Kieselkalk, 500 g.

Eine Besonderheit von Weinzierl 2 stellen einige vorgefundene, besonders seltene Moldavite dar. Moldavit ist das Verdampfungsprodukt eines großen Meteoriteneinschlages vor etwa 14,5 Millionen Jahren im heutigen Süddeutschland (Nördlinger Ries). Der extrem heiße Gesteinsdampf, der beim Einschlag des Meteoriten entstanden ist, schoss Richtung Osten und ging abgekühlt als natürliches Glas mit einigen Streufeldern in der heutigen Tschechischen Republik nieder. Die kleinen, bei oberflächlicher Betrachtung dunkelgrau aussehenden Steine zeigen erst, wenn man sie gegen das Licht hält, ihre geheimnisvollen Grüntöne. Vor etwa 35 000 Jahren haben Menschen das spaltbare Material in der heutigen Tschechischen Republik aufgesammelt und als Rohstoff zum Herstellen von Lamellen in die Station Weinzierl 2 eingebracht. Eventuell hat man das meist grün schimmernde Naturglas auch zu Schmuck verarbeitet – Hinweise dafür wurden aber nicht gefunden. Verantwortlich für die Grüntöne ist vor allem der Gehalt an Eisen, das in zweiwertiger oder dreiwertiger Form vorkommt. Experten des Naturhistorischen Museums Wien haben an zwei Exemplaren umfangreiche Analysen vorgenommen. Erste Untersuchungsergebnisse haben Hinweise ergeben, dass die Moldavite von Weinzierl 2 vom böhmischen Streufeld stammen.

Silexschläger beim Anfertigen von Klingen

Die vielen bis handflächengroßen Granitstücke dürften so wie auch bei Weinzierl 1 als Schlagsteine, als Begrenzungen von Feuerstellen oder zum Beschweren der Zelte gedient haben.

Weitere besondere Fundstücke von Weinzierl 2 stellen verschiedene fossile Schneckengehäuse dar. Es handelt sich um zwei gelochte fossile Schneckengehäuse aus der Gattung *Melanopsis (impressa)* und sechs Dentalien-Röhrchen. Die meist als Ketten getragenen Dentalien sind röhrenförmige Gehäuse von Kahnfüßern aus der Untergruppe der Schalenweichtiere. Diese den Schnecken und Muscheln nahestehenden Tiere kommen in den Weltmeeren, aber auch als fossile Kalkröhrchen in unseren Breiten vor. Diese Fundstücke sind als Schmuck einzuordnen. Es dürfte sich dabei um die ältesten bisher in Oberösterreich gefundenen Schmuckstücke (35 000 Jahre) handeln. Einzelne Exemplare unbearbeiteten Gagats befinden sich ebenfalls im Fundgut.

2017 wurden zwei oberflächlich aufgesammelte Knochenstücke einer Radiokarbondatierung unterzogen. An einem Knochen war die Analyse erfolgreich und es wurde ein kalibriertes Alter von 34 500 Jahren vor heute ermittelt. Die Fundstelle Weinzierl 2 kann damit in eine späte Phase der archäologischen Kulturstufe des Aurignacien gestellt werden. In den letzten Jahren wurden Oberflächenfunde von Weinzierl 2 immer seltener, sodass anzunehmen ist, dass die meisten oberflächennahen Hinterlassenschaften aus dem frühen Jungpaläolithikum geborgen sind. Ob in tieferen Schichten oder im Hang noch intakte Kulturschichten vorhanden sind, ist nicht geklärt.

Im Heimathaus-Stadtmuseum Perg kann eine Auswahl der Steingeräte von Weinzierl besichtigt werden.

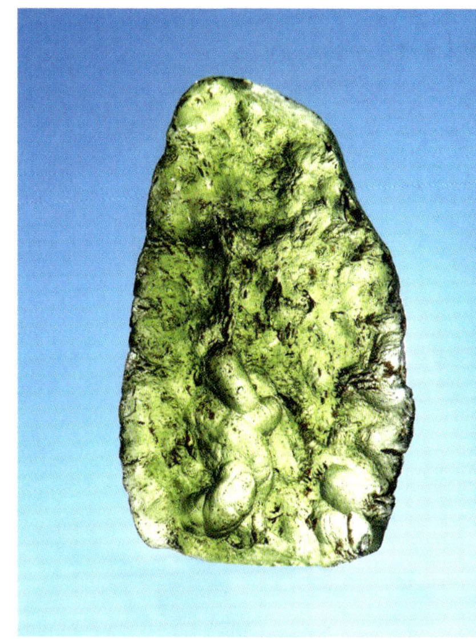

oben: Lamelle aus Moldavit, Länge 1,5 cm
unten: Moldavit im Sonnenlicht

links: Schmuck aus fossilen Dentalien
rechts: Schmuckanhänger aus fossilem Schneckenhaus

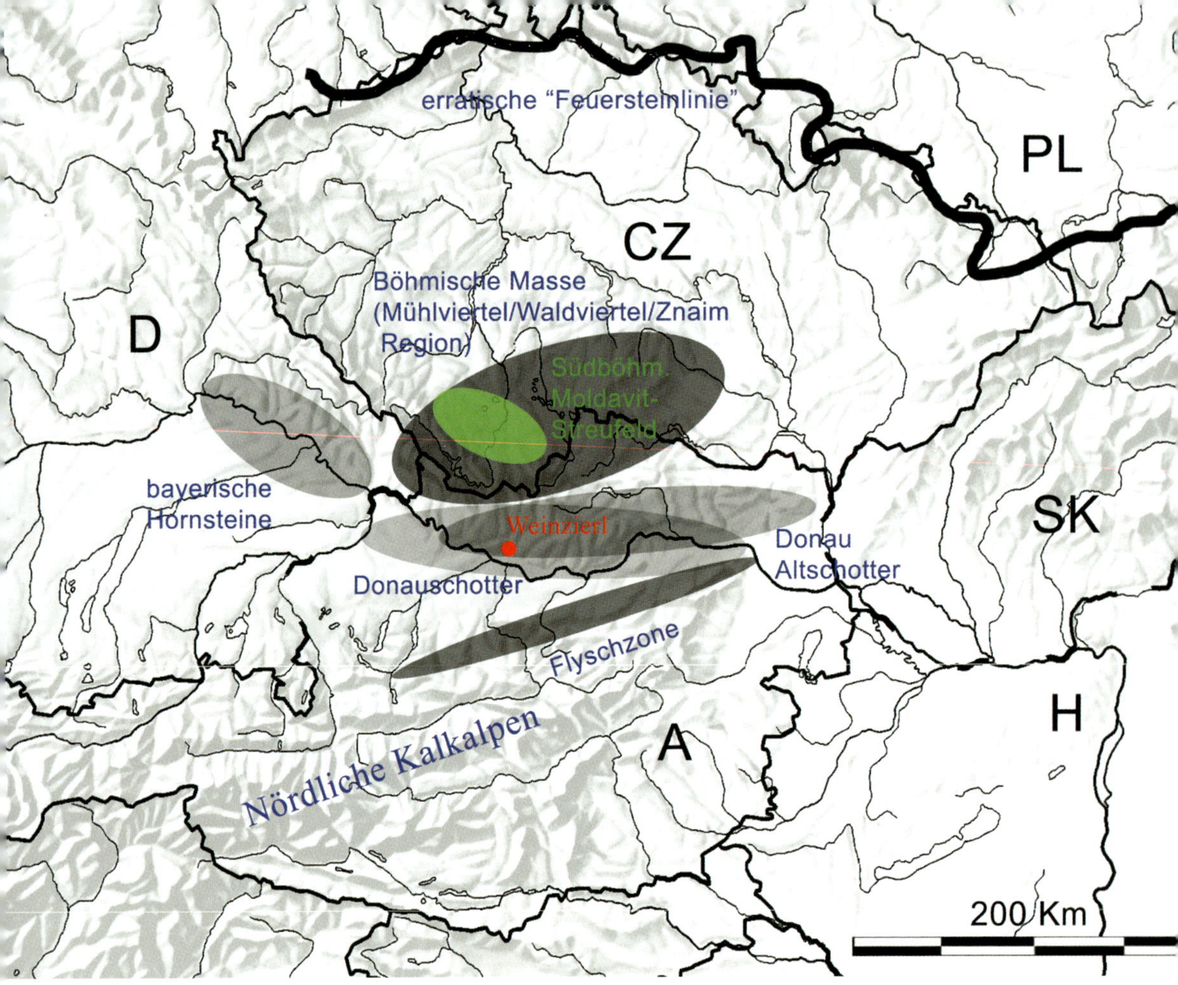

Kartierung der identifizierten Lagerstättenregionen für beide jungpaläolithische Weinzierl-Stationen

Weitere jungpaläolithische Spuren aus dem Donauraum

Das Donautal war für die Nomaden der letzten Eiszeit bei ihren weiträumigen Wanderbewegungen ein wichtiges Durchzugsgebiet mit hohem Wildbestand. Ihre Jagdlager schlugen sie meist auf mit Löss bedeckten Hochterrassen in der Nähe von Flüssen auf. Die Stationen waren so positioniert, dass sie einen optimalen Ausblick auf die Umgebung und das Jagdrevier hatten.
Erwin Lindorfer aus Hofkirchen im Mühlkreis ist ein eifriger Sammler steinzeitlicher Hinterlassenschaften. Seine Ausdauer und die gezielte Suche nach Verdachtsflächen in seiner Umgebung wurden oft mit Erfolg belohnt. In seiner Sammlung liegen neben neolithischen und mesolithischen Funden auch Steingeräte, die möglicherweise aus dem Jungpaläolithikum stammen. Stark patinierte Klingen und Abschläge, die aus typologischer Sicht ebenso dem Jungpaläolithikum zugerechnet werden könnten, hat er von drei verschiedenen Feldern, die an der Donau liegen, aufgesammelt. Zwei Freilandfundstellen liegen unweit des rechten Donauufers auf dem Gemeindegebiet von Aschach an der Donau, der dritte Fundplatz befindet sich gegenüber von Aschach in Landshaag. Die Ausfertigung der Artefakte sowie die Lage der Fundstellen lassen auf ehemalige eiszeitliche Jagdlager schließen. Derartige Entdeckungen sind für Oberösterreich rar und sollten einer wissenschaftlichen Klärung zugeführt werden.

1990 fand im Nordico Stadtmuseum Linz eine Ausstellung der umfangreichen Steinzeitsammlung des Heimatforschers Kurt Meiche statt. Er hat in der zweiten Hälfte des vorigen Jahrhunderts Tausende Steinartefakte von Feldoberflächen des Gallneukirchner Beckens aufgesammelt.
Im Zuge der Ausstellungsvorbereitung konnte der Altsteinzeitexperte Bohuslav Klima senior einige Steingeräte aus dem mehrheitlich neolithischen Fundgut der Sammlung Meiche aussortieren und dem Jung- und Spätpaläolithikum zuweisen. Ein Klingenkratzer, verschiedene Abschläge, Klingen, drei Stichel und verschiedene Kratzer können nach typologischen Gesichtspunkten eindeutig in das Jungpaläolithikum gestellt werden. Kleinformatige Geräte wie Spitzen und kleine Kratzer könnten aus dem Spätpaläolithikum stammen.

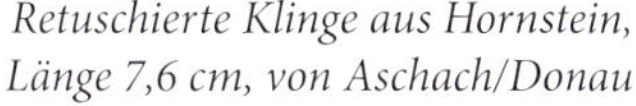
Retuschierte Klinge aus Hornstein, Länge 7,6 cm, von Aschach/Donau

v. l. n. r.: Stichel aus Hornstein, Länge 4,2 cm; Kratzer aus Hornstein, Länge 4,4 cm; aus dem Gallneukirchner Becken

2012 hat dann der Geoarchäologe Alexander Binsteiner die jetzt als ständige Leihgabe von der Gemeinde Engerwitzdorf verwahrte Sammlung Meiche wissenschaftlich bearbeitet. Er konnte weitere Artefakte aus der Sammlung dem Jungpaläolithikum zuordnen.
Bei den gegenständlichen jung- und spätpaläolithischen Funden aus dem Gallneukirchner Becken handelt es sich wahrscheinlich um Einzel- und Streufunde. Ob Kurt Meiche damals im Zuge seiner Feldbegehungen unbewusst die eine oder andere jungpaläolithische Freilandstation gequert hat, kann heute nicht mehr festgestellt werden. Anzunehmen ist, dass das klimatisch begünstigte Gallneukirchner Becken für die Jäger und Jägerinnen der letzten ausgehenden Eiszeit auch erfolgversprechende Jagdgründe bot. Möglicherweise wurden dort auch kurzfristige Jagdlager unterhalten.

Unretuschierte Klinge aus Hornstein, Länge 7,5 cm, von Klam

Im Zuge der Erweiterung des Steinbruches Heinrichsbruch in Mauthausen wurden vor mehr als 100 Jahren aus der Lössbedeckung verschiedene Steinartefakte, Knochen und Keramik geborgen. Einzelne Steingeräte, die heute im Depot des Landesmuseums lagern, können aus typologischer Sicht dem Jungpaläolithikum zugewiesen werden.

Der aus Klam bei Grein stammende Pater Alexander Puchberger hatte als Jugendlicher auf einem hiesigen Feld eine 7,5 Zentimeter lange Feuersteinklinge gefunden. Die typologischen Merkmale des Artefaktes weisen in das Jungpaläolithikum.

Jungpaläolithische Steingeräte aus dem Nixloch

Zwischen Ternberg und Losenstein erhebt sich am linken Ennsufer der 930 Meter hohe Reitnerkogel, der nach Westen hin in einer markanten Felswand abfällt. Am Fuß dieser Felswand befindet sich westseitig auf einer Seehöhe von 770 Metern der breite Eingangsbogen zum Nixloch. Das mächtige Eingangsportal ist 14 Meter breit und 5,5 Meter hoch. Der Höhlengang verjüngt sich nach hinten und nach etwa 35 Metern erschweren Tropfsteinsäulen das weitere Vordringen.
Die Höhle liegt im Gemeindegebiet von Ternberg.
Am einfachsten erreichbar ist das Nixloch auf der Straße von Losenstein in Richtung Hohe Dirn zum Bauernhof Hintsteiner. Von dort kann die Höhle über eine Forststraße und einen Wanderweg in etwa 30 Minuten zu Fuß erreicht werden. Bei den Einheimischen ist die Existenz der Höhle seit Generationen bekannt. Heute ist die bis zu 70 Meter hohe, großteils senkrechte Felswand links und rechts des Höhleneingangs ein Eldorado für geübte Kletterer.
Die meisten leicht zugänglichen Bärenhöhlen des Alpenvorlandes sind längst durch ältere Grabungen ausgebeutet oder von Raubgräbern geplündert worden. Vom Heimatforscher David Mitterkalkgruber kam in den 1980er-Jahren der Hinweis, dass bei Losenstein eine noch nicht als Bärenhöhle bekannte, fossilführende

Das Nixloch

Klingen vom Nixloch

Höhle sei. Nach ersten 1985 fachmännisch durchgeführten Erkundungen wurde in den Jahren 1986 und 1987 im Nixloch eine vom Oberösterreichischen Landesmuseum in Auftrag gegebene Grabung durch das Institut für Paläontologie der Universität Wien durchgeführt. Grabungsleiter der insgesamt drei Wochen dauernden Grabungen waren Bernhard Gruber vom Oberösterreichischen Landesmuseum und Gernot Rabeder von der Universität Wien.

Die paläontologische Grabung im Nixloch brachte neben Resten von Höhlenbären und anderen Säugern auch sieben Steinartefakte und eine Knochennadel ans Tageslicht. Die Artefakte stammen großteils aus der fossilführenden Schicht B, zwei Kleingeräte aus dem Übergang zu Schicht A. Aus typologischer Sicht können die Steingeräte in das Jungpaläolithikum gestellt werden. Die Datierung eines Höhlenbärenknochens aus der Schicht B nach der Radiokarbonmethode ergab ein kalibriertes Alter zwischen 22 700 und 21 400 Jahre vor heute, wobei ein Bezug zu den Steinartefakten nicht gesichert ist. Aus Schicht A stammt eine Altersbestimmung aus einer Sammelprobe von Kleinsäugern, die zwischen 12 400 und 12 000 Jahre vor heute liegt.

Die Funde aus dem Nixloch zeigen uns, dass jungpaläolithische Jäger auch zur Zeit des Letzten Glazialen Maximums und später durch das mittlere Ennstal streiften.

Im Zuge der Nixlochgrabung wurde auch die nahegelegene Schaflucke untersucht. Neben Höhlenbärenresten konnten auch dort zwei Artefakte mit jungpaläolithischem Charakter geborgen werden.

Späte Eiszeitjäger in der Gamssulzenhöhle

Im Toten Gebirge, hoch über dem Gleinkersee auf etwa 1 300 Metern liegt die großräumige Gamssulzenhöhle. Die auf dem Gemeindegebiet von Spital am Pyhrn gelegene Höhle wurde 1920 entdeckt und in den Folgejahren mehrfach durch Forschergruppen untersucht. Bei diesen zwischenkriegszeitlichen Höhlenbegehungen wurde verschiedenes Knochenmaterial, vor allem von Höhlenbären, geborgen. Leider kam es bei diesen Aktivitäten zu gefährlichen Deckeneinstürzen und Verschüttungen.

In den Sommermonaten der Jahre 1988 bis 1991 wurden dann unter der Leitung von Gernot Rabeder vom Institut für Paläontologie der Universität Wien mit Unterstützung des Oberösterreichischen Landesmuseums paläontologische Forschungsgrabungen durchgeführt.

Ziele dieser Grabungen waren unter anderem die Feststellung des evolutionären Niveaus der Höhlenbären, die Überprüfung, ob sich Beziehungen zum Höhlenbären aus der nahegelegenen Ramesch-Knochenhöhle nachweisen lassen und ob es Hinweise für die Anwesenheit des paläolithischen Menschen gibt.

Vor und nach jeder Grabungskampagne musste die gesamte Ausrüstung, angefangen von den Grabungswerkzeugen über Campingausrüstung bis zu Stromaggregaten mühsam im steilen Gelände zu Fuß 500 Höhenmeter vom Gleinkersee zur Höhle hinauf- und wieder heruntergeschafft werden. Es war dies eine besondere Herausforderung, die jeweils einige Tage in Anspruch nahm. Um bei der Grabung den täglichen Auf- und Abstieg von zwei bis drei Stunden einzusparen, übernachtete ein Teil der Grabungsteilnehmer, je nach Witterung, vor oder in der Höhle. Das Grabungsteam hatte zwischen 15 und 34 Mitglieder, und es wurden in den vier Grabungssaisonen drei Grabungsflächen abgegraben und untersucht. Die Grabungsstelle 1 lag in der Eingangshalle und erbrachte neben spätpaläolithischen Stein- und Knochenartefakten umgelagerte Höhlenbärenreste (40 000

Die Gamssulzenhöhle

Artefakte von der Gamssulzenhöhle

bis 25 000 Jahre vor heute) und verschiedenes spätglaziales Knochenmaterial von Steinbock und Kleinsäugern. Die Grabungsstelle 2 lag in der Bärengruft. Diese Stelle konnte man nur über den 21 Meter senkrecht abfallenden Linzer Schacht erreichen. Der Eingang zu dieser tiefer liegenden Ebene ist heute verstürzt. Die ^{14}C-Daten eines Höhlenbärenknochens aus der Grabungsfläche 2 ergab ein Alter von etwa 38 000 Jahre vor heute.

Die Grabungsstelle 3 lag in der Bärengalerie im oberen Höhlenbereich. An Großsäugern dominierte dort der Höhlenbär. Aus dem Spätglazial lagen Reste von Paarhufern und kleineren Carnivoren (Fleischfressern) sowie vom Schneehasen vor.

Aus der Grabungsstelle 1 konnten 45 Silexartefakte, zwei Knochengeräte und ein ortsfremder Kieselkalkknollen mit Radiolariteinschlüssen geborgen werden.

Das Silexinventar umfasst die breite Palette spätpaläolithischer Steingeräte und verschiedene Absplisse. Bei den Knochengeräten handelt es sich um Knochenspitzen beziehungsweise deren Fragmente.

Die überwiegend kleinformatigen Artefakte sind charakteristisch für das Spätpaläolithikum. Die Messung an einem Steinbockknochen ergab ein kalibriertes Alter von etwa 12 000 Jahren.

Die spätpaläolithischen Jäger dürften die Gamssulzenhöhle nach dem Zurückweichen der Gletscher wiederholt aufgesucht und dort auch ihre Jagdbeute, vor allem Steinböcke, zerwirkt haben.

Altsteinzeitliche Artefakte von der Rebensteiner Mauer

Der Heimatforscher David Mitterkalkgruber hat im vorigen Jahrhundert das oberösterreichische Ennstal südlich von Steyr archäologisch erforscht und dabei viele urgeschichtliche Fundplätze ausfindig machen können.

Am Oberlauf des Mühlbaches, Gemeinde Laussa im Bezirk Steyr-Land, ragen mächtige Rauhwacke-Klippen aus den sanften Hügeln des oberösterreichischen Alpenvorlandes. In den verkarsteten Felsformationen der Rebensteiner Mauern befinden sich mehrere kleine Höhlen und Abris (Felsüberhängen). Mitterkalkgruber konnte dort und auf verschiedenen, den Felsen vorgelagerten Plätzen neolithische Hinterlassenschaften bergen und wissenschaftlich bearbeiten.
Im Zuge einer Sondierungsgrabung auf einem kleinen Plateau an der Nordwand des Rebensteins stieß er 1956 unterhalb von drei fundführenden neolithischen Kulturschichten auf einen fossilen Bärenzahn und einige Artefakte, die nicht in das neolithische Fundensemble passten. Mitterkalkgruber berichtete, dass die Funde aus dem lehmigen Aushub von der im Neolithikum angelegten Grube und der darunter liegenden von Keramik freien Kulturschicht stammen.
Bei den wenigen Geräten aus Quarzit handelt es sich um Abschläge, Kratzer und eine Klinge, die mit Retuschen versehen sind. Aus typologischer Sicht könnten diese Artefakte vom Rebenstein in das ausgehende Mittelpaläolithikum oder in das frühe Jungpaläolithikum gestellt werden. Der ebenfalls aus dieser Schicht stammende Höhlenbärenzahn passt gut zu dieser Einschätzung, denn Höhlenbären sind in Mitteleuropa spätestens vor etwa 27 000 Jahren ausgestorben.
Weiterführende Sondierungen oder eine genauere Untersuchung des Fundplatzes wurden nicht durchgeführt. Die Artefakte liegen im geschlossenen Ennsmuseum in Kastenreith bei Weyer.

Artefakte von der Rebensteiner Mauer

Das Mesolithikum

(ca. 9 700 bis ca. 5 500 v. Chr.)

Leben im Mesolithikum „www.steinzeitpark-dithmarschen.de“

Ab dem Mesolithikum wechseln die Altersangaben von (Jahre) vor heute auf die Jahre vor Christus. Kurz nach 11 000 v. Chr. kam es zu einer letzten markanten Abkühlungsphase. Bereits vorgedrungene Wälder wichen erneut in Richtung Süden zurück und Rentierherden streiften wieder durch unsere Gegend. Ab etwa 9700 v. Chr. wurde es dann endgültig rasch wärmer und die letzte Eiszeit ging zu Ende. Die Gletscher wichen zurück, die Meeresspiegel stiegen wieder an und die britischen Inseln wurden vom Kontinent getrennt. Mit dem Einsetzen der gegenwärtigen Warmzeit treten wir in das derzeitige Erdzeitalter, das Holozän, ein. Mit dieser Periode beginnt auch das Mesolithikum, die Mittlere Steinzeit. Die Lebensbedingungen für Menschen, Tiere und Pflanzen veränderten sich grundlegend. Tiere wie Ren, Wildpferd und Wisent, die Kältesteppen bevorzugten, zogen in Richtung Norden, und in den zunehmend dichten Wäldern Mitteleuropas breiteten sich Rotwild, Reh, Elch, Auerochse und Wildschwein aus. Die hier lebenden Jäger- und Sammlergruppen mussten sich den neuen Gegebenheiten anpassen und der neuen Umwelt entsprechende Jagdstrategien entwickeln. Das Jagen in Gruppen im freien Gelände war vorbei. Man ging mit Pfeil und Bogen – wahrscheinlich alleine – auf die Pirsch. Jagdkonkurrenten waren Wolf, Luchs und

Braunbär. Neue Früchte wie zum Beispiel Haselnüsse erweiterten den Speisezettel. Saisonal waren frische, aber auch geröstete Haselnüsse für die Menschen der Mittelsteinzeit ein wichtiges, kalorienreiches Nahrungsmittel. Aus verschiedenen europäischen mesolithischen Fundplätzen sind verkohlte Schalenfragmente von Haselnüssen bekannt.

Die Menschen des Mesolithikums legten ihre saisonalen Lagerplätze oft an See- und Flussufern an. Einfache zeltartige Hütten aus Ästen, Schilf und Fellen schützten vor Wind und Regen. Die Menschen betrieben Hauptlager für längere Aufenthalte und Nebenlager, die sie im Zuge von Pirschgängen und Sammeltätigkeit nur kurzfristig aufsuchten. Funde erster Einbäume und Holzpaddel belegen, dass unsere Vorfahren aus der Mittelsteinzeit bereits systematisch Wasserwege verwendeten. Eine bisher nicht so stark genutzte Nahrungsquelle, der Fischfang, wurde erschlossen und leistete einen wichtigen Beitrag zur Ernährung. Die Gerätschaft zum Erbeuten der Fische wurde perfektioniert. Aus Baumbast, Fasern und Zweigen fertigten sie Reusen, Netze, Körbe und Matten. Die nacheiszeitlichen Jäger und Sammler des Mesolithikums drangen aber auch bis in das Hochgebirge vor und nutzten für ihren Aufenthalt auch Höhlen und Abris.
Ein besonderes Merkmal der Mittelsteinzeit sind die auffällig kleinen Steinartefakte, sogenannte Mikrolithen. Die feinmotorische Fähigkeit dieser Menschen war enorm, denn perfekte Steingeräte waren oft nicht größer als einen Zentimeter.

Haselnussknacker

oben: Mesolithisches Holzpaddel mit herzförmigem Blatt, Fundort Rüde LA 2, Kr. Schleswig-Flensburg
unten: Mesolithische Harpune aus Hirschhorn von der Fundstelle Rheinbalme bei Koblach, Vorarlberg

Typisch für diese Zeit sind kleine, scharfkantige Dreiecke oder Trapeze aus Feuerstein, die in Holzpfeile eingesetzt und mit Birkenpech verklebt wurden. Diese Geräte waren sehr effektive Jagdwaffen, die dem Wild schwere Wunden zufügten. Durch hohen Blutverlust wurde das Wild derart geschwächt, dass es in kurzer Zeit erlegt werden konnte. Klingen, Kratzer und Bohrer waren ebenfalls meist kleinformatig. Fein gearbeitete Geräte aus Knochen und Geweihstangen wie zum Beispiel geschnitzte Harpunen kennen wir aus dem Mesolithikum. Beidseitig retuschierte Dolchklingen, die geschäftet waren, oder aus Hirschhorn gefertigte Angelhaken sind ebenfalls für das Mesolithikum belegt. Die Menschen dieser Zeit trugen aus Fellen und Häuten gefertigte Kleidungsstücke und Schmuck aus Schneckengehäusen, Muscheln und Tierzähnen.

Um etwa 5 600 v. Chr. trafen die letzten Menschen, die den Jägern und Sammlern Mitteleuropas zugeordnet werden, erstmals auf Einwanderer, die aus Südosten kamen und eine völlig andere Lebensweise praktizierten. Die Immigranten ließen sich sesshaft nieder, lebten hauptsächlich von der produzierenden Wirtschaftsweise. Jagd und Sammeltätigkeit trugen nur einen untergeordneten Beitrag zur Ernährung bei. Einzelne Jägergruppen dürften sich beim Übergang in das Neolithikum mit den ersten Ackerbauern und Viehzüchtern vermischt haben, andere haben sich in Gegenden zurückgezogen, die für die sich ausbreitende Landwirtschaft ungeeignet waren.

Mesolithische Fundstellen und Funde aus Oberösterreich

Die archäologische Kultur des Mesolithikums (Mittelsteinzeit) ist die Epoche der warmzeitlichen Jäger und Sammler nach dem Ende der letzten Eiszeit. Siedlungsreste dieser Kultur konnten an einigen besonders exponierten Lagen an Flussufern Oberösterreichs nachgewiesen werden.

Vorneolithische Funde von Bad Ischl

Vom 20. August bis 2. September 1952 führte Robert Strouhal aus Erlangen im Auftrag und mit Unterstützung der Abteilung für Urgeschichte vom Oberösterreichischen Landesmuseum in Bad Ischl eine Grabung durch. Die Grabungsstelle lag etwa 17 Meter oberhalb des linken Traunufers in einer ausgewaschenen Konglomeratnische im Ortsteil Roith. Grundeigentümer war der Oberförster J. Scheichl.

Die Ausgräber legten einen 1,4 Meter breiten Grabungsschnitt im rechten Winkel zur Abriwand an. Die oberste 80 Zentimeter dicke Schicht bestand aus mit Knochen, Holzkohle, Schneckengehäusen und neuzeitlichen Gefäßresten vermischtem Geröll von der Abri-Decke. Nach einer fundleeren Schicht von etwa 45 Zentimetern folgten zwei grauschwarze etwa sechs Zentimeter mächtige, von einem zwölf Zentimeter dicken fundleeren Band getrennte Fundschichten. Auf die Kulturschicht zwei folgte wieder eine 30 Zentimeter starke fundleere Schicht. Die darunter liegende dritte Kulturschicht konnte nur in ihren seitlichen Ausläufern erfasst werden. Darunter folgte wieder ein steriles Gemisch aus Kalkmehl und Kalkgries. Die Grabung wurde in einer Tiefe von 2,36 Metern beendet, wobei der gewachsene Boden nicht erreicht wurde.

In der Kulturschicht eins wurden ein Bruchstück eines Steinwerkzeuges mit Gebrauchsspuren sowie Holzkohle, Reste von Schneckengehäusen und angebrannte Knochen gefunden.

Aus der Kulturschicht zwei stammen fünf kleinformatige Artefakte aus grauem und braungrauem Silex, angebrannte Knochen, Gehäuse von verschiedenen Schneckenarten und Holzkohle. Spärliche Reste von gebrannten Knochen, Holzkohle und einige Schneckengehäuse fanden sich in der Kulturschicht drei.

Da alle Kulturschichten in Kalkmehl, Kalkgrus und kleinen kantenrunden Steinen eingebettet sind, kann daraus geschlossen werden, dass die Kulturschichten in einem feuchtwarmen Klima entstanden. Weiters wurden in keiner der drei Kulturschichten Hinweise auf das Neolithikum wie geschliffene Steinwerkzeuge oder Keramik gefunden. Strouhal schließt daraus, dass in vorneolithischer Zeit dieses Abri mehrmals von Menschen der Mittelsteinzeit aufgesucht wurde.

Nacheiszeitliche Jäger, Sammler und Fischer auf der Berglitzl, Langenstein

Zur Erweiterung der an die Berglitzl angrenzenden Ackerfläche wurden im Jahr 1965 im Auftrag des Grundeigentümers die Ausläufer des Südost-Hanges bis zu zwei Meter abgetragen und einplaniert. Kurz darauf folgte das große Hochwasser, das die gesamte Berglitzl umspülte. Nach dem Zurückweichen des Wassers war die neu arrondierte Fläche mit großen Mengen urgeschichtlicher Hinterlassenschaften wie Keramikfragmenten, Tierknochen und Steingeräten übersät.

1969 bis 1972 wurde die auf der Berglitzl seit 1965 laufende Grabung des Oberösterreichischen Landesmuseums auf das 1965 abgeschobene Areal am Ausläufer des Südost-Hanges ausgedehnt. Wider Erwarten stießen die Ausgräber dieser Fläche auf neolithische Kulturschichten. Nach mehreren neolithischen Kulturhorizonten und Sedimentstraten stieß man in einer Tiefe von 1,9 Metern auf einen mesolithischen Begehungshorizont. Die etwa 50 Quadratmeter freigelegte Fläche befand sich knapp über dem anstehenden Felsen und dürfte damals im Uferbereich der Donau gelegen sein.

Der rund 40 Zentimeter dicke mesolithische Kulturhorizont war ohne auffällige Konzentrationen mit Artefakten durchsetzt. Neben einigen Feuerstellen wurden in der ausgeschwemmten Kulturschicht eine große Menge zerschlagenes Geröll, Knochen, Hornsteinrohlinge und -abschläge sowie eine große Anzahl Kleingeräte und Absplisse festgestellt. An der ehemaligen Uferlinie war eine starke Streuung zersplitterter Muschel- und Schneckengehäuse auffällig. Die Ausgräber interpretierten viele kranzförmig um ein belagsfreies Zentrum angehäufte Hornsteinabsplisse als „Ambossstellen", die eine Geräteherstellung vor Ort belegen würden. Zahlreiche Gerölle und Geröllbruchstücke mit deutlichen Brandspuren und Erhitzungsrissen weisen auf ehemalige Feuerstellen hin.

Mikroklingen und kleine Kratzer von der Berglitzl

Im Jahr 2010 hat der Geoarchäologe Alexander Binsteiner das umfangreiche Material von der Berglitzl in Augenschein genommen. Ziel seiner Untersuchungen war es, die Steinartefakte nach typologischen Gesichtspunkten den verschiedenen archäologischen Kulturstufen zuzuweisen sowie Materialanalysen und Funktionsbestimmungen durchzuführen. Von den 12 649 vorliegenden Steinobjekten konnte er 7 939 Exemplare als zweifelsfreie Artefakte aussortieren. Aus dieser Auslese hat er 2 729 Stücke dem Spätpaläolithikum und dem Mesolithikum zugewiesen. Für statistische Analysen hat er dann 258 Einzelstücke ausgewählt. Die Untersuchungsergebnisse der Silexartefakte von der Berglitzl sind in den „Studien zur Kulturgeschichte von Oberösterreich", Folge 29 aus 2011, festgehalten.
Die meist kleinformatigen Geräte wie Klingen, Kratzer und Abschläge sind aus hochqualitativen Hornsteinen und Radiolariten gefertigt. Den Großteil der Rohmaterialien dürften die späten Jäger, Fischer und Sammler selektiv aus dem Schotter der Donau entnommen haben. Die Herstellung der Geräte erfolgte dann vor Ort in ihrem Lager am Fuß der Berglitzl.
In den Jahren 2020 und 2021 untersuchte Julia Blumenröther vom Institut für Ur- und Frühgeschichte der FAU Universität Erlangen-Nürnberg das unter Mesolithikum-Berglitzl im Depot des Oberösterreichischen Landesmuseums verwahrte Material. Die Aufnahme und Bewertung der Funde werden in ihre Dissertation über das Mesolithikum im Österreichischen Donaukorridor einfließen.

Mesolithische Spuren im Pramtal

Der Heimatforscher Wilhelm Rager aus Schärding hat in den letzten Jahrzehnten mehrere ehemalige prähistorische Siedlungsplätze entdeckt. Einer dieser Fundplätze an der Pram wurde, wie sich bei genaueren Untersuchungen der dort aufgesammelten Funde herausstellte, bereits ab dem Mesolithikum als Siedlungsplatz genutzt. Es handelt sich um mehrere, eng zusammenhängende, nach Süden exponierte Fundplätze auf Hochflächen entlang einer Geländekante. Steile Abhänge führen hinunter in eine enge, markante Krümmung der Pram. Die Fundstellen liegen in der Rotte Grub sowie in Unterteufenbach auf dem Gemeindegebiet von St. Florian am Inn.
2009 wurden die seit 1997 von Wilhelm Rager von diesen Fundplätzen aufgesammelten Oberflächenfunde von Oliver Schmitsberger und Roswitha Thomas nach artefaktmorphologischen Merkmalen und typologischen Gesichtspunkten ausgewertet. Die Funde aus dem Pramtal stammen demnach aus unterschiedlichen urgeschichtlichen Perioden. Die Fachleute konnten neben neolithischen und bronzezeitlichen Belegen eine ganze Reihe von Silexartefakten wie verschiedene Mikrolithtypen, Projektilspitzen und Lamellen auswählen, die mit hoher Wahrscheinlichkeit aus dem Mesolithikum stammen. Auch spricht der häufige Nachweis

von erfolgtem Tempern an diesen Artefakten für diese Zeitstellung. Unter Tempern versteht man das gezielte Erhitzen von Silexknollen, um die Bearbeitungseigenschaften des Rohmaterials zu verbessern. Eine thermische Behandlung kann an der Verfärbung der Artefakte festgestellt werden.
Die Auswertung des verwendeten Materials hat ergeben, dass neben lokal in der Pram vorkommenden alpinen Radiolariten und Hornsteinen auch Importe aus bayerischen und mährischen Lagerstätten zur Herstellung der Geräte genutzt wurden.

Trapezspitze und Mikrorückenspitze in natürlicher Größe

Das Mesolithikum von Aschach an der Donau

In 1990er-Jahren stieß der Gemeindearzt von Aschach, Dr. Alfred Wassermair, im Zuge seiner Sammeltätigkeit auf dem Plateau hoch über Aschach auf steinzeitliche Funde. Der Fundplatz liegt über dem rechten Donauufer und bietet eine grandiose Fernsicht

Blick von der Fundfläche nach Osten

Aschach an der Donau, Grabung 2018, Knochen und Silices in Fundlage

nach Osten und Süden auf das Eferdinger Becken. Wassermair konnte über die Jahre bei seinen Geländebegehungen von den Feldoberflächen des Fundplatzes Elendpoint etwa 300 Silices aufsammeln.

Aufgrund der Fundmeldungen erfolgte 1999 vom Institut für Ur- und Frühgeschichte der Universität Wien unter der Leitung von Karina Grömer eine erste Sondierungsgrabung. Im nach Süden geneigten Hang des Plateaus wurden zwei nord-süd-ausgerichtete Sondierungsschnitte angelegt und ausgegraben. Lediglich in der oberen Humusschicht und der darunter liegenden lehmigen Schicht wurden neben neuzeitlichen Objekten auch prähistorische Funde wie Keramik, Knochen und Silexartefakte geborgen. Nach weiteren fundleeren Lehmschichten folgte Verwitterungsgranit. Da die Fundschichten offensichtlich verlagert und vermischt waren, wurde die Grabung eingestellt.

Anfang dieses Jahrhunderts erweiterte der Heimatforscher Erwin Lindorfer aus Hofkirchen seinen Aktionsradius auch auf fundverdächtige Plätze südlich der Donau. Neben verschiedenen jungsteinzeitlichen Siedlungsplätzen auf den Niederterrassen der Donau entdeckte er auch den markanten Fundplatz am Elendpoint

Mesolithische Artefakte von Aschach

aufs Neue. Den konsequenten Feldbegehungen von Erwin Lindorfer ist es zu verdanken, dass mehr als 1 000 Artefakte von dieser Fundstelle der Wissenschaft zur Untersuchung übergeben werden konnten.

Gernot Krondorfer vom Verein Landschaftsschule Donauschlinge stellte 2017 Kontakte zu Experten her und war maßgeblich am Zustandekommen fachlicher Untersuchungen beteiligt. Im Sommer 2018 wurde das Fundgebiet dann vom Institut für Ur- und Frühgeschichte der Friedrich-Alexander-Universität Erlangen-Nürnberg mit finanzieller Unterstützung des Österreichischen Bundesdenkmalamtes untersucht. Unter der Leitung von Andreas Maier und Julia Blumenröther wurden mit Studierenden, Mitgliedern der Landschaftsschule Donauschlinge und ehrenamtlichen Helfern Sondagegrabungen durchgeführt. Aus den acht 0,5 Meter x 1,0 Meter großen, an verschiedenen Stellen angelegten Suchschnitten konnten 856 Fundobjekte geborgen werden. Neben Keramik, Knochen, Metall und Felsgestein wurden 230 Silices ausgegraben, die nach ihren technologischen Merkmalen eindeutig in einen mesolithischen Kontext gestellt werden können. Die starke Durchmischung des Fundgutes liegt in der jahrelangen

landwirtschaftlichen Nutzung des Fundplatzes begründet.
Die Sondierungsergebnisse auf einem schmalen Wiesenstreifen mit altem Baumbestand lassen aber vermuten, dass sich in diesem Bereich noch Reste einer intakten mesolithischen Fundschicht erhalten haben. Die für 2020 geplante genauere Untersuchung dieses Abschnittes konnte wegen der Covid-19-Pandemie nicht durchgeführt werden und wurde verschoben.

Trapez von Weinzierl, Länge 1,9 cm

Ein mesolithisches Trapez von Weinzierl

Die markante, hoch über dem Donauschwemmgebiet positionierte Fundstelle Weinzierl 1 wurde nicht nur während der letzten Eiszeit, sondern auch noch von nacheiszeitlichen Jägern und Sammlern aufgesucht. Im Inventar dieser Fundstelle liegen neben jungpaläolithischen Artefakten mehrere kleinformatige Steingeräte (Mikrolithen) vor, die aus der archäologischen Kultur des Mesolithikums stammen dürften. Für die mittlere Phase des Mesolithikums sind geometrisch geformte Projektile wie viereckige oder trapezförmige Mikrolithen charakteristisch. Sie wurden als Pfeilspitzen oder in Pfeilschäfte eingesetzte Widerhaken genutzt. Vom Fundplatz Weinzierl 1 ist ein besonders schön gearbeitetes, mit Retuschen versehenes Trapez bekannt.

Das Neolithikum

(ca. 5 600 – ca. 2 200 Jahre v. Chr.)

Ob es eine Klimaveränderung, wachsender Bevölkerungsdruck, ein markanter Rückgang bei Wildtieren oder andere Gründe waren, die den Übergang von der aneignenden zur produzierenden Wirtschaftsweise auslösten, wissen wir nicht genau. Samen und Früchte von Gräsern und Wildpflanzen haben im Vorderen Orient bereits den Speisezettel der späten Jäger und Sammler wesentlich ergänzt, sodass sie in manchen Regionen aufgrund des reichen Nahrungsangebotes bereits ortsfest leben konnten.

Die Erkenntnis, dass ins Erdreich gefallene Samenkörner keimen, wachsen und wieder Früchte tragen, führte bei diesen Menschengruppen im Nahen Osten möglicherweise vor etwa 13 000 Jahren zu ersten Kultivierungsversuchen. Sie säten bewusst Samenkörner von Wildgetreide, um später ein Vielfaches davon zu ernten. Durch Selektion, ob durch Zufall oder gezielt, bildeten sich immer festere Ähren und größere Samenkörner, sodass die Ernten zunehmend bessere Erträge hervorbrachten. Das geerntete Getreide wurde auf Steinplatten zerrieben und als Brei verzehrt, oder zu Brot verarbeitet. Auch die Domestizierung von Ziege und Schaf erfolgte zu dieser Zeit; etwas später kamen Rind und Schwein dazu. Durch Selektion wurden im Lauf der Zeit Wildtiere zu angepassten Haustieren. Man musste nicht mehr so oft der Jagd nachgehen; die Tiere konnten kontrolliert vermehrt werden und lieferten neben Fleisch auch Leder und Wolle. Der Übergang von Jägern und Sammlern zu sesshaften Bauern geschah sicher nicht von heute auf morgen, sondern dauerte Jahrhunderte bis Jahrtausende. Dieser Prozess der „neolithischen Revolution" vollzog sich im „fruchtbaren Halbmond" zwischen Sinai, Kleinasien und dem Persischen Golf. Es war dies eine Zeit von gravierenden Veränderungen mit großem Einfluss auf die zukünftige Menschheitsgeschichte.

In verschiedenen Regionen ging der lange Weg vom Wildbeuter und Sammler zu Ende und ein für unser heutiges Dasein entscheidender Veränderungsprozess setzte sich in Gang. In anderen Teilen der Welt wie zum Beispiel in Asien, Mittel- und Südamerika hat sich die neue Lebensweise unabhängig vom Nahen Osten selbstständig entwickelt und durchgesetzt. Die produzierende Wirtschaftsweise bietet im Vergleich zu Jäger- und Sammlergesellschaften einer größeren Zahl von Menschen eine Lebensgrundlage, was zum Anstieg der Bevölkerung, zu einer Expansion auf mehreren Ebenen und zur weiteren Verbreitung der neuen Technologien führte.

Mit der Ausbreitung der Landwirtschaft und einer sesshaften Lebensweise verbunden ist auch die verstärkte Nutzung von Keramik für die Herstellung von Gefäßen, auch wenn der chemische Vorgang, dass beim Erhitzen von Ton Wasser entweicht und eine harte Masse übrig bleibt, bereits zuvor bekannt war.

Aus dem Neolithikum kennen wir neben der Gebrauchskeramik – ähnlich wie bereits im Paläolithikum – auch Frauenstatuetten aus Ton und Stein. Ihre Bedeutung ist unsicher, wahrscheinlich waren sie ein Teil religiöser Praktiken und Glaubensvorstellungen.

Neolithische Dorfgemeinschaft

Technologisch gab es weitere revolutionäre Erfindungen, vor allem für die rasch fortschreitende Landwirtschaft. Geschliffene hohe Dechsel und Steinbeile in verschiedenen Varianten dienten zum Bearbeiten von Holz. Grabstock, Hacke und Erntemesser erleichterten die Feldarbeit. Mit Reibstein, Läufer und Mörser wurde Getreide gemahlen, und Backofen, Spinnwirtel und Webstuhl gehörten zum Standardinventar der Großfamilien. Verschiedenartige gebrannte Keramikgegenstände wurden hergestellt, die Vorratshaltung wurde intensiviert, die Gebäudeformen und die Gesellschaftsstruktur änderten sich. Auch die Anfänge der Kupfermetallurgie fallen in das späte Neolithikum. Die ältesten bisher bekannten Belege datieren auf etwa 5 000 v. Chr. und stammen aus Serbien.

Entlang der Mittelmeerküste sowie über den Balkan und das Karpatenbecken hat die neue Lebensweise den Weg in Richtung Westen gefunden. In Mitteleuropa sind die ersten Ackerbauern und Viehzüchter etwa 5 600 v. Chr. angekommen. Genetische Analysen an menschlichen Skeletten haben diese Wanderbewegungen der frühen Bauern bestätigt. Die Menschen aus Südost brachten wie erwähnt eine andere, neue Lebensart in das dicht bewaldete Mitteleuropa, wo noch kleine nomadisierende Jäger- und Sammlergruppen des Mesolithikums existierten. Die letzten Jäger und Sammler Mitteleuropas vermischten sich vermutlich zumindest teilweise mit den Neuankömmlingen oder wurden in andere Regionen verdrängt. Ein neues Kapitel der Menschheitsgeschichte mit fundamentalen Veränderungen wurde nun auch in Mitteleuropa aufgeschlagen.

Die Einwanderer brachten domestizierte Ziegen, Schafe, Rinder, Schweine sowie Getreide und Hülsenfrüchte mit. Bei der Ankunft der frühen Bauern herrschte in unserer Gegend ein warmes und feuchtes Klima vor, und Hügel- und Flachland waren mit dichtem Laubmischwald bedeckt. Weideflächen, Ackerland und Siedlungsplätze mussten durch Brandrodung und mit Steinäxten der Natur abgerungen werden. Versuche im Zuge der experimentellen Archäologie haben gezeigt, dass man zum Beispiel mit einer nachgebauten neolithischen Axt eine Eiche mit einem Stammdurchmesser von 50 Zentimetern in sechs Stunden fällen kann.

Neben hochwassersicheren, fruchtbaren Flussterrassen wurde später auch das hügelige Hinterland, häufig in der Nähe von Quellen oder kleinen Bachläufen, besiedelt. Auch Brunnen wurden gegraben und mit Holz ausgekleidet. Der sichere Zugang zum kostbaren Gut Wasser war ab dem Neolithikum für die sesshaften Menschen mit ihren Tieren eines von mehreren wichtigen Kriterien für die Wahl eines Siedlungsplatzes. Die Siedlungen bestanden oft aus kleinen Hofgruppen oder Einzelgebäuden, aber auch Großsiedlungen sind belegt. Die Häuser der ersten Bauern waren aus Holz und Lehm gebaut. Holzpfosten steckten in Abständen im Erdboden und die Zwischenräume wurden mit Balken, Brettern oder mit Flechtwerk und Lehmbewurf ausgefüllt. Das Zurichten der gefällten Bäume zu Stehern und Trägerelementen, das Graben der Pfostenlöcher und das Errichten der Wände bedurfte vieler fleißiger Hände. So ein Hausbau erforderte eine exakte Planung und bedeutete einen enormen Zeitaufwand. Aus archäologischen Grabungen kennen wir Hausgrundrisse mit einer Länge von bis zu 40 Metern. Die Dächer waren wahrscheinlich mit Stroh, Schilf oder Baumrinden bedeckt. Große Siedlungen waren oft mit einem umlaufenden Befestigungsgraben geschützt.

Das Know-how der Fertigung von Keramikgefäßen brachten die Migranten mit. Die Gefäßrohlinge wurden meist in der Wulst- oder Stegtechnik hergestellt und dann geglättet. Die Töpferscheibe hielt erst nach der Jungsteinzeit Einzug in Europa. Der Ton wurde mit verschiedenen Beimengungen wie Sand oder Getreidedrusch gemagert, was für Stabilität und Formbestand beim Trocknen sorgte. Nach dem Trocknungsvorgang brannte man die Schüsseln und Töpfe mit Holzfeuer im Feld- oder Grubenbrand bei Temperaturen zwischen 500 und 800 Grad Celsius. In der Jungsteinzeit war bereits vielfach nicht nur die Funktion des Gerätes wichtig, sondern es wurde auch auf Formgebung, Verzierung und Design geachtet. Mit Schnüren, Sticheln aus Knochen oder Holz und Fingernägeln wurden vor dem Brennen verschiedene Muster oder Linien in die aus weichem Ton

geformten Gefäße geritzt und gedrückt. Die Verzierungsmuster auf der Keramik sind heute ein wichtiges Kriterium bei der Altersfeststellung und Zuweisung zu den verschiedenen archäologischen Kulturen der Jungsteinzeit.
Feuer machen zu können war bereits in der Altsteinzeit eine ganz bedeutende Fertigkeit. Flammen und Glut schützten vor wilden Tieren, brachten Licht und Wärme in die Behausungen und machten die Nahrung bekömmlicher. In der Jungsteinzeit war die Kunst des Feuermachens schon perfektioniert. Mit einem zähen silikathaltigen Stein und Pyrit oder Markasit (Schwefelkies) schlug man glühende Funken auf trockenen Zunder, der zum Beispiel aus einem speziellen Baumschwamm gefertigt werden konnte. Sobald die Funken den flauschig weichen Zunder zum Glimmen brachten, war es einfach, mit Anblasen und durch die Zugabe von Stroh oder trockenem Gras ein Feuer zu entfachen. Man nutzte es dann als offenes Feuer, auf Herden und in einfachen Backöfen.
Die Klingen von Beilen, Dechseln und Äxten wurden aus Felsgestein, in unserer Gegend meist aus Serpentinit oder Amphibolit, gefertigt. Mit schmalen Sägeblättern aus Holz wurden kleinere Steinblöcke oft in parallelen Linien angeschnitten. Zur Beschleunigung des Sägevorganges wurde wohl feiner Quarzsand in die Schneiderinne eingestreut. Die angeschnittenen Gerölle wurden dann durch Brechen in grobe Beilformen zerteilt. Nach weiterem Zurichten durch Abschlagen unerwünschter Grate brachte man die Beilrohlinge durch Schleifen und Polieren mit feinkörnigem Quarzit oder Sandstein unter Zugabe von Wasser in die endgültige Form.

links: Rekonstruktion eines neolithischen Langhauses, Asparn/Zaya; rechts: Traditioneller Keramikbrand in Indien, wie er vielleicht im Neolithikum auch bei uns durchgeführt wurde.

Eine weitere Bearbeitungsmethode der Beilfertigung ist das Picken. Mit einem härteren Stein wurden vom Werkstück so lange kleine Stücke und Körner abgeschlagen, bis die gewünschte Form erreicht war. Sofern die Geräte nicht anschließend überschliffen wurden, zeigt ihre Oberfläche gleichmäßig verteilte Schlagnarben. Flachbeile und Dechsel dienten hauptsächlich zur Holzbearbeitung und wurden oft in einem sogenannten Knieholz geschäftet. Von den Papuas auf Neuguinea kennen wir Dechsel und Flachbeile, die in hölzerne Griffe geschäftet und mit Flechtwerk umwickelt sind. Diese Werkzeuge waren im 20. Jahrhundert noch in Gebrauch.

Die exakten Durchbohrungen der Steinäxte konnten mit einfachen Vorrichtungen angefertigt werden. Dazu wurden in Führungen verankerte ausgehöhlte Bohrstangen aus Holz oder Holunderstäbe durch einen mit einer Schnur bespannten Bogen in eine schnelle Drehung gebracht. Als Schneide- und Schleifmittel dürfte dabei ebenfalls feiner Quarzsand verwendet worden sein. Die auf neolithischen Siedlungsplätzen vorgefundenen, meist konischen Bohrkerne weisen auf solche Bohrungen hin. Die Rohmaterialien zur Beilherstellung wurden aus den Flussgeröllen der Donau und deren Zuflüssen entnommen oder auch über Tauschnetzwerke eingehandelt.

Scharfkantige Steingeräte wie Dolche, Klingen, Kratzer, Pfeilspitzen, Sicheln und Sicheleinsätze wurden in der Abschlagstechnik, hauptsächlich aus Hornstein und Radiolarit, hergestellt. Gute Hornstein- und Radiolaritqualitäten wurden damals in verschiedenen Lagerstätten systematisch, auch unter Tag, abgebaut und über weite Strecken im Tauschhandel zum Endverbraucher gebracht. Es dürfte damals bereits richtige Handelsnetzwerke gegeben haben.

v. l. n. r.: Nachgebaute neolithische Werkzeuge; Geschäftete Steinbeile aus Neuguinea

Ein großer Teil der neolithischen Gerätschaften wurde aus Holz gefertigt. Nur in seltenen Fällen, wie zum Beispiel in Feuchtbodensiedlungen, sind derartige Gegenstände der Nachwelt erhalten geblieben.
Die Wirtschaftsschwerpunkte waren teils auch an die Lage der Siedlungen angepasst. Es dominierten Ackerbau und Viehzucht, vor allem auf den besonders fruchtbaren Löss- und Ackerböden. Höher gelegene Gebiete am Rand der Alpen wurden möglicherweise vor allem saisonal für Weidewirtschaft genutzt. Jagd und Fischfang trugen weiterhin zur Ernährung bei, vorherrschend war aber die produzierende Wirtschaftsform.
Die Felder wurden mit Hacke, Holzspaten und Grabstock für die Aussaat aufbereitet. Ab wann Ochsen oder Kühe vor einfache Hakenpflüge gespannt wurden, lässt sich bisher nicht sicher sagen. Möglicherweise wurde die Bodenbearbeitung bereits ab dem frühen oder mittleren Neolithikum teilweise unter Mithilfe von Rindern durchgeführt, sicher nachgewiesen ist dies auf jeden Fall für das späte Neolithikum.
Die Felder wurden mit verschiedenen Getreidearten wie Emmer, Einkorn, Dinkel, Weizen und Gerste sowie mit Mohn, Lein, Hirse und Hülsenfrüchten bestellt. Das reife Getreide schnitt man mithilfe von mit Feuersteinklingen bewehrten Sicheln. Ein sicherer Nachweis für Getreidebau sind Funde von Silexgeräten mit Sichel- oder Lackglanz, der hauptsächlich beim Schneiden von Getreide entsteht. Für die Lagerung des Getreides mussten nach der Ernte die Körner aus den Ähren herausgelöst werden. Ob das durch einfaches Schlagen auf den Boden geschah, mit Dreschstöcken oder von darüber trampelnden Haustieren durchgeführt wurde, kann nicht eindeutig gesagt werden. Nachweise der Verarbeitung von Getreide

Ackerbau mit dem Hakenpflug

liefern aber Mahlsteine und Unterliegerplatten aus Sandstein oder Quarzit, die man in ehemaligen neolithischen Siedlungen findet. Für das mitteleuropäische Neolithikum belegen archäologische Grabungen Reste von Backöfen, die unter anderem zur Weiterverarbeitung von gemahlenem Getreide dienten. Getreide war aber nicht nur Grundnahrungsmittel, sondern diente auch zur Herstellung von alkoholischen Getränken.

Für die Fleischversorgung war neben der Jagd vor allem die Viehwirtschaft wichtig. Wälder wurden als Weidefläche für Rinder, Ziegen und Schafe genutzt. Beim Übergang von der aneignenden zur produzierenden Wirtschaftsweise waren die Menschen noch laktoseintolerant. Die ersten Viehzüchter dürften daher nur in bescheidenem Rahmen Milchwirtschaft betrieben haben. Über Hunderte von Generationen wurden Milchprodukte für Menschen zunehmend verträglicher. Diese genetische Mutation, deren Zeitraum und Verlauf Gegenstand aktueller Forschungen ist, ermöglichte bei der viehhaltenden Bevölkerung leichteren Zugang zu energiereicher Nahrung.

Flachsfasern und – ab dem Spätneolithikum – auch Schafwolle wurden mittels Spinnwirtel gesponnen und dann zu Textilien weiterverarbeitet. Häute und Felle der Tiere wurden ebenfalls zur Herstellung von Bekleidung verwendet. Während der kalten Jahreszeit hielt man die Tiere in unmittelbarer Siedlungsnähe und vermutlich auch in den Häusern. Strenge, kalte Winter mit Schnee stellten für die Menschen besondere Herausforderungen dar. Eingelagerte Nahrungsmittel und erfolgreiche Jagd mussten das Überleben bis zur nächsten Ernte sichern.

Die frühesten Bauern Mitteleuropas gehörten der sogenannten Linearbandkeramischen Kultur an. Die Linearbandkeramiker besiedelten ab etwa 5 600 v. Chr., wahrscheinlich vom heutigen Westungarn ausgehend, in relativ kurzer Zeit große Teile Mitteleuropas. Forschungsergebnisse zeigen einen kulturell ähnlichen Besiedelungsraum in Teilen der Länder Ungarn, Rumänien, Ukraine, Slowakei, Österreich, Tschechien, Polen, Deutschland und Frankreich. Ihre Tongefäße waren mit charakteristischen Linienmustern verziert, was zur Namensgebung führte. Eine Ausformung der späteren Linearbandkeramik bildet die Notenkopfkeramik, bei der an den Linien punktförmige Eintiefungen angebracht wurden, was in Kombination an Musiknoten erinnert.

Wie in der gesamten Menschheitsgeschichte verlief auch in der Zeit dieser ersten Bauernkultur das Leben nicht immer harmonisch. Manche Dörfer wurden mit tiefen Gräben und Palisaden geschützt. Aus der frühneolithischen Linearbandkeramik entwickelten sich in Europa regional unterschiedliche Keramikstile. Ab etwa 4 900 v. Chr. sprechen wir vom Beginn des Mittelneolithikums. Im heutigen Bayern entstand zum Beispiel die sogenannte Oberlauterbacher Kultur und östlich davon finden wir erste Belege der Stichbandkeramik. Im heutigen Ungarn und der Slowakei liegt der Ursprung der Lengyel-Kultur, die sich von

dort ausbreitete und auch in Oberösterreich nachgewiesen werden konnte. Die Menschen der Lengyel-Kultur entwickelten die Töpferkunst bis auf ein sehr hohes Niveau. Sie stellten verschieden geformte Tongefäße und Figuren her und bemalten ihre Keramik (bemaltkeramische Kultur). Berühmt sind ihre aus Ton gebrannten weiblichen Statuetten. In Bayern hatte die Lengyel-Kultur auch Einfluss auf die Entstehung der Münchshöfener Kultur.
Besonders eindrucksvolle bauliche Hinterlassenschaften aus dem Mittelneolithikum sind die oft aus mehreren Graben- und Palisadenringen bestehenden Kreisgrabenanlagen. Wahrscheinlich dienten diese monumentalen Bauwerke, die meist in Siedlungsnähe platziert waren, zu religiösen Zwecken und als Versammlungsorte. Sie können in ihrer Grundform und wohl auch in der Funktion mit dem etwas jüngeren aus Stein gebauten Stonehenge in Südengland verglichen werden. Dort wurden gewaltige Steinquader zu einem riesigen Komplex zusammengefügt. Ausgeklügelte Techniken und Hilfsmittel sowie zahlreiche Menschen waren erforderlich, um dort die bis zu neun Meter hohen Steinsäulen aufzustellen und tonnenschwere Blöcke waagrecht daraufzulegen. Ein Teil der mächtigen Steine stammt von den mehr als 200 Kilometer entfernten Preseli-Bergen. Wie damals der Transport nach Südengland erfolgte, bleibt ein Rätsel. Aus verschiedenen Regionen Europas kennen wir weitere Monumentalbauwerke aus der Jungsteinzeit. Tempelanlagen, Großsteingräber, Steinreihen und einzelne Menhire fallen ebenfalls in die Kategorie „Bauten für die Ewigkeit".
Ab den letzten Jahrhunderten des 5. Jahrtausends spricht man in Mitteleuropa vom Spätneolithikum, von der Kupferzeit oder Kupfersteinzeit. Zukunftsweisende Veränderungen prägen diese Ära. Mit ersten Importen von Kupfer- und Goldgegenständen aus Südosteuropa ist ab spätestens 4 300 v. Chr. zu rechnen.
Von der Wissenschaft wurden anhand der Keramikstile zahlreiche regionale Kulturgruppen definiert. Für Oberösterreich hat im 4. Jahrtausend v. Chr. etwa die Mondseekultur, die nach einer Siedlung am Abfluss dieses Sees benannt wurde, große Bedeutung. Von der Mondseekultur kennen wir neben Fundstellen am Ufer von Mond- und Attersee auch Höhensiedlungen im Alpenvorland. Charakteristisch sind die tief eingedrückten, weiß inkrustierten Ornamentmuster auf ihren Gefäßen.
Sehr auffällig sind auch die zahlreichen Funde von Kupferobjekten und Schmelztiegeln, wobei aber noch nicht klar ist, ob das verwendete Kupfer vom Balkan eingehandelt oder in den Alpen abgebaut wurde. Auch Ötzi, der Mann aus dem Eis, eine etwa 5 250 Jahre alte prähistorische Mumie aus dem heutigen Südtirol, hatte neben verschiedenen Geräten aus Feuerstein bereits ein wertvolles Kupferbeil dabei.
Nach der Mondsee-Gruppe war in Oberösterreich vor allem die nach einer Fundstelle im heutigen Bayern bekannte Chamer Kultur verbreitet. Aus dieser Kulturgruppe kennen wir große Keramikgefäße mit aufmodellierten Kerbleisten. In Ihrer

Idol von Falkenstein aus der Zeit der Lengyel-Kultur (ca. 4.600 v. Chr.)

Zeit werden auch die Nachweise von Holzscheibenrädern von hölzernen Wagen, die wahrscheinlich von Ochsen gezogen wurden, häufiger.

Die Jungsteinzeit endet bei uns mit den sogenannten Schnurkeramikern und der Glockenbecherkultur, die in weiten Teilen Europas verbreitet war. Die Glockenbecherkultur hat ihren Namen von mit horizontalen Ornamenten versehenen Keramikgefäßen, deren Form an umgekehrte Glocken erinnert.

Expertinnen und Experten können meist aufgrund der Verzierungsmuster an den Tongefäßen oder deren Bruchstücken eine Zuordnung zu einer bestimmten Kulturgruppe und Zeitstufe treffen und damit auch das ungefähre Alter des Fundes und der damit vergesellschafteten Artefakte einschätzen.

oben: Stonehenge;
unten: Mondseekrug mit Inkrustierung;
Glockenbecherkeramik

Aus verschiedenen Phasen des Neolithikums sind sowohl Körper- als auch Brandbestattungen bekannt. Aus manchen Zeiten sind fast gar keine Bestattungen nachweisbar, oder nur einzelne menschliche Knochen – vielleicht praktizierte man in diesen Perioden Bestattungsbräuche, die kaum Spuren im Boden hinterlassen, wie zum Beispiel Luftbestattungen.

Im Früh- und Mittelneolithikum ist die Hockerbestattung in seitlicher Lage besonders häufig. Die Toten wurden in einer Art Schlafstellung beigesetzt und oft mit kostbaren Grabbeigaben ausgestattet. Welche Form von Religion,

Glaubensvorstellung oder Jenseitsglaube damals vorherrschte und mit den Begräbnissitten in Verbindung stand, wird uns für immer verschlossen bleiben. Die mit in die Gräber gelegten Schmuckgegenstände, Lebensmittel, Gefäßbeigaben, Waffen und sonstigen Geräte waren vielleicht für das erhoffte Weiterleben der Toten im Jenseits vorgesehen. Es könnten aber auch Dinge gewesen sein, die dem Toten gehörten, ihm besonders wichtig waren und deshalb mit ihm begraben wurden. Die Grabbeigaben lassen möglicherweise auch soziale Unterschiede der Bestatteten erkennen. Ansehen und Macht des Verstorbenen zu Lebzeiten könnten sich in den ihm mitgegebenen Grabbeigaben widerspiegeln.

Aus dem Neolithikum sind auch komplizierte chirurgische Eingriffe am menschlichen Körper belegt. So kennen wir zum Beispiel eindeutige Beweise für Schädelöffnungen (Trepanationen), die an lebenden Individuen vorgenommen wurden. Bei diesen operativen Interventionen wurde oft durch Schaben ein Teil der Schädeldecke entfernt. Ob diese operativen Eingriffe medizinisch begründet waren oder im Zuge kultisch-ritueller Handlungen vorgenommen wurden, kann nicht eindeutig gesagt werden. Kallusbildungen (Narbengewebe) an den Knochenrändern geborgener Schädel belegen, dass im Neolithikum ein relativ hoher Anteil der Menschen diese Prozedur überlebte. Wahrscheinlich war die Überlebenschance bei einer Schabtrepanation mit frisch geschlagenen Silexklingen im Neolithikum höher als bei Trepanationen in späteren Epochen wie etwa in der Eisenzeit, bei denen für Trepanationen Bohrer aus Metall verwendet wurden.

Mit der Sesshaftwerdung und dem Übergang von der aneignenden zur produzierenden Wirtschaftsweise wurde ein riesiger Sprung in der Weiterentwicklung der Menschheit vollzogen. Mit dem verstärkten Eingreifen in die Natur veränderten sich nicht nur die gesellschaftlichen Strukturen, sondern auch verschiedene Risiken des täglichen Lebens. Durch das enge und unhygienische Zusammenleben von Mensch und Tier kam es vermehrt zu Krankheiten und Seuchen, wodurch oft ganze Familien ausgelöscht wurden. Naturkatastrophen, ausgelaugte Ackerböden und Missernten führten zu Hungersnöten und wohl auch zu gewaltsamen Auseinandersetzungen.

Das Zusammenleben größerer Gruppen machte vermutlich eine verstärkte Aufteilung von Arbeiten und Aufgaben erforderlich, was wohl zu unterschiedlichen Machtpositionen und zu sozialen Unterschieden in der Gruppe führte. Begehrte Rohmaterialien wie Spondylusmuschel oder Stachelauster, besondere Steine, Kupfer und Gold wurden im Tauschhandel erworben und zu Schmuck und Statussymbolen verarbeitet. Diese Gegenstände hatten oft keinen praktischen Wert, sondern symbolisierten wohl unter anderem den gesellschaftlichen Rang seines Trägers.

Kriegerische Ereignisse sind für das ausgehende Frühneolithikum nachgewiesen. Im Zuge von Ausgrabungen in der neolithischen Siedlung in Schletz im niederösterreichischen Weinviertel, wurden aus dem nur teilweise geöffneten äußeren

Siedlungsgraben mehr als 200 stark fragmentierte menschliche Skelette geborgen. Die meisten Leichen lagen in Bauchlage, sodass anzunehmen ist, dass die Toten seinerzeit in den Graben geworfen wurden. Anthropologische Untersuchungen haben ergeben, dass sie viele Schädelverletzungen durch scharfe und stumpfe Gewalteinwirkung aufwiesen. Auffällig ist, dass sterbliche Überreste von jungen Frauen im Skelettmaterial unterrepräsentiert sind. Junge gebärfähige Frauen wurden möglicherweise geschont und verschleppt. Vor etwa 7 000 Jahren, gegen Ende der linearbandkeramischen Kultur, dürfte in Schletz die gesamte Siedlungsgemeinschaft gewaltsam getötet oder gefangen genommen worden sein. Es ist nicht klar, wer diese Gewalttaten verübt hat. Vielleicht war es ein verfeindetes neolithisches Nachbardorf oder eine noch existierende Jäger- und Sammlergruppe, die möglicherweise mit dem radikalen Kulturwandel und der neuen Lebensweise nicht zurechtkam. Das Massaker von Schletz ist kein Einzelfall; ähnliche Befunde kennen wir auch aus späten bandkeramischen Siedlungsanlagen in Deutschland. Aus dem oberösterreichischen Zentralraum sind seit dem 19. Jahrhundert unzählige jungsteinzeitliche Lesefunde, die meist im Zuge von Feldarbeiten aufgesammelt wurden, belegt. Derartige Aufsammlungen haben oft einen selektiven Charakter, denn es wurden meist nur auffällige Steingeräte wie Steinbeile oder deren Bruchstücke geborgen. Kleinformatige Feuersteingeräte oder Keramikstücke fielen dem nicht geschulten Auge kaum auf, wurden also nicht wahrgenommen und liegen gelassen, obwohl sie für eine wissenschaftliche Bearbeitung oft wichtige Erkenntnisse hätten bringen können.

Seit Mitte des letzten Jahrhunderts haben dann einzelne Heimatforscher und -forscherinnen im Zuge von gezielten Geländebegehungen umfangreiche Sammlungen aufgebaut. Aufgrund typischer Verzierungsmuster der Keramik konnten einzelne Fundstellen einer jungsteinzeitlichen archäologischen Kultur zugewiesen werden. Leider sind oberflächennahe neolithische Keramikreste heute oft durch landwirtschaftliche Maschinen und chemische Reaktionen derart zerstört, dass sie für eine kulturelle Zuordnung unbrauchbar geworden sind. Sehr frühe Forschungsaktivitäten gab es bei den Seeufersiedlungen des Salzkammergutes unter anderem durch Matthäus Much im 19. Jahrhundert. Weiterführende Forschungen im 20. Jahrhundert führten zur Benennung dieser neolithischen Kulturgruppe nach dem Mondsee. 2011 wurden die „Prähistorischen Pfahlbauten um die Alpen" in die Liste des UNESCO-Welterbes aufgenommen.

Oberösterreich liegt in der Jungsteinzeit im Grenzgebiet zwischen den östlichen und westlichen Kulturräumen. Während das frühe Neolithikum stärker nach Osten orientiert war, nimmt ab dem Mittelneolithikum der Einfluss aus südostbayerischen Kulturen zu. Im Spätneolithikum ist dann unter anderem die bayerische Chamer Gruppe hier stark vertreten.

Trotz weniger archäologischer Grabungsbefunde und oft schwer datierbarer Oberflächenfunde sind in Oberösterreich unter anderem folgende archäologische Kulturen des Neolithikums vom Beginn der Jungsteinzeit bis zum Übergang zur Bronzezeit nachgewiesen:

Linearbandkeramische Kultur	um 5 600 bis 4 900 v. Chr.
Notenkopfkeramik (jüngere Linearbandkeramik)	um 5 300 bis 4 900 v. Chr.
Stichbandkeramische Kultur	um 4 900 bis 4 500 v. Chr.
Oberlauterbacher Kultur	um 5 000 bis 4 500 v. Chr.
Lengyel-Kultur	um 4 900 bis 4 300 v. Chr.
Münchshöfener Kultur	um 4 500 bis 3 900 v. Chr.
Altheimer Kultur	um 3 800 bis 3 400 v. Chr.
Mondseekultur	um 3 800 bis 3 400 v. Chr.
Badener Kultur	um 3 500 bis 2 900 v. Chr.
Chamer Kultur	um 3 200 bis 2 700 v. Chr.
Schnurkeramische Kultur	um 2 800 bis 2 200 v. Chr.
Glockenbecherkultur	um 2 500 bis 2 200 v. Chr.

Es ist nicht möglich, alle bisher in Oberösterreich aufgesammelten oder ergrabenen Belege des Neolithikums in diesem Buch zu dokumentieren. Aus den unzähligen, bekannten neolithischen Hinterlassenschaften habe ich einige besondere Funde und Fundstellen des oberösterreichischen Neolithikums ausgewählt und präsentiere sie auf den folgenden Seiten.

Neolithische Fundstellen in Oberösterreich

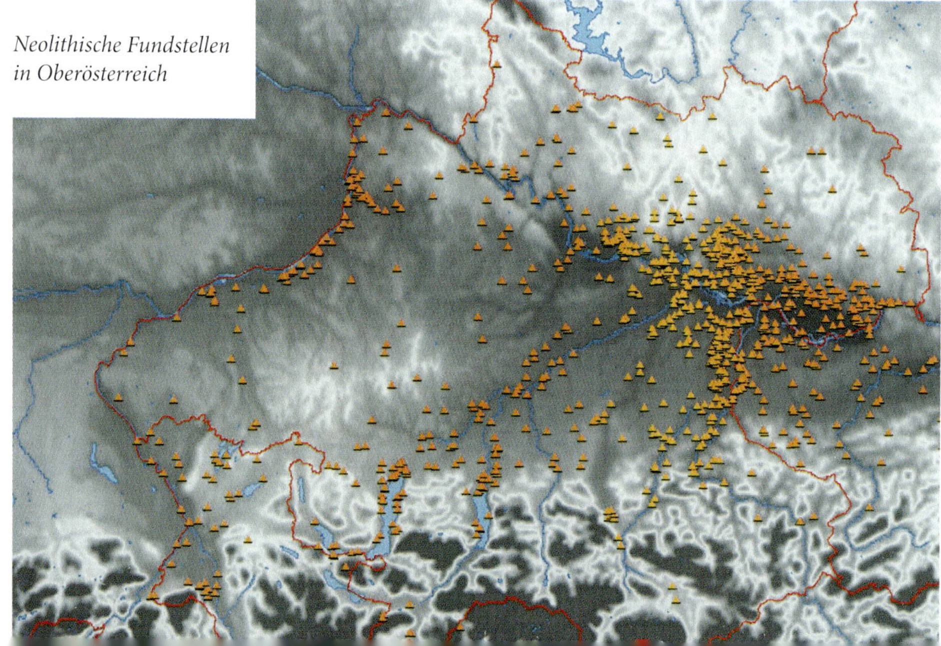

Das Neolithikum im oberösterreichischen Zentralraum

Auf den fruchtbaren Böden des oberösterreichischen Zentralraumes zwischen Wels und Enns wurden bereits vor mehr als 7 000 Jahren frühe Ackerbauern und Viehzüchter sesshaft. Das milde Klima und die zentrale Lage an weitläufigen Verbindungswegen boten den ersten Siedlern gute Voraussetzungen für ein dauerhaftes Niederlassen. Ein wichtiges Kriterium bei der Wahl eines Siedlungsplatzes war wohl auch die gesicherte Verfügbarkeit von Wasser. Die direkte Nähe zur Donau wurde aber vermieden. Die überschwemmungssicheren Niederterrassen von Flüssen und die Nähe von Bächen waren bevorzugte Siedlungsgebiete. Verschiedenste Funde belegen, dass diese Region während der Jungsteinzeit von mehreren aufeinanderfolgenden Kulturen des Neolithikums besiedelt war. An einzelnen urgeschichtlichen Fundstellen wurden archäologische Grabungen durchgeführt. Die leider oft nur teilweise erfolgte wissenschaftliche Aufarbeitung und Befundung des zu Tage geförderten Materials erbrachte interessante und teils sensationelle Ergebnisse. Im Depot des Landesmuseums warten noch viele Schachteln voll mit geborgenen neolithischen Hinterlassenschaften auf professionelle Aufarbeitung.

Frühneolithische Nachweise

Die ersten Bauern Mitteleuropas sind etwa 5 500 v. Chr. aus Südosten kommend in unserer Gegend eingetroffen. In den dichten Wäldern Mitteleuropas stießen sie auf Menschen, die noch vom Jagen, Fischen und Sammeln lebten. Doch die produzierende Wirtschaftsweise hatte sich durchgesetzt und Jagd und Fischfang ergänzten das Nahrungsangebot. Die Einwanderer gehörten der Kulturgruppe der Linearbandkeramiker an. Sie brachten erstmals domestizierte Ziegen, Schafe, Rinder, Getreidesorten und Hülsenfrüchte in die fruchtbaren Niederungen des oberen Donautales. Die Siedlungs- und Ackerflächen wurden mittels Brandrodung und mit Steinbeilen urbar gemacht. Die Häuser hatten typischerweise einen langrechteckigen Grundriss mit Längen von zehn bis zu mehr als 40 Metern und bestanden meist aus einem Zentralraum und bis zu zwei weiteren Räumen. Ein typisches Werkzeug der Bandkeramiker sind hochgewölbte Dechsel aus Felsgestein, die in der Frühzeit der Forschung mit dem heute veralteten Begriff „Schuhleistenkeil“ beschrieben wurden. Zu den wohl ältesten jungsteinzeitlichen Belegen Oberösterreichs zählen das Gräberfeld und die Siedlungsreste von Rutzing/Hörsching sowie die Siedlungsreste von Leonding, Pasching und St. Florian.

Die Niederterrassen des linken Traunufers zwischen Wels und Linz gaben bisher schon viele Zeugnisse der oberösterreichischen Urgeschichte frei. Bedeutende Bodenfunde aus verschiedenen urgeschichtlichen Kulturen stammen aus der Welser Heide.

Im Herbst 1960 wurde in Rutzing, Marktgemeinde Hörsching, beim Abschieben der Humusschicht auf dem Gelände der Schottergrube Karl Schedlberger ein Gräberfeld angefahren. Die veranlasste Notgrabung des Oberösterreichischen Landesmuseums unter der Leitung von Ämilian Kloiber konnte neben hallstattzeitlichen Gräbern auch 24 teilweise von den Baustellengeräten zerwalzte bandkeramische Gräber freilegen.

Ein wichtiger Bestandteil der kulturellen Ausstattung des Menschen sind Schmuckobjekte. Mit Schmuck kann die soziale Stellung oder der gesellschaftliche Status ausgedrückt werden. In der Steinzeit spielte Schmuck sicher auch bei rituellen Festen und anderen Ereignissen wie zum Beispiel dem Tod eine wichtige Rolle. So wurden Schmuck, Werkzeuge, Gebrauchskeramik und Waffen den Toten mit in das Grab gelegt. Die Bestatteten von Rutzing waren in Hockerlage beigesetzt und die Gräber reichlich mit Beigaben ausgestattet. Neben mit Notenkopfmustern versehenen und unverzierten Töpfen konnten Feuersteinklingen, Pfeilspitzen und Dechsel aus den Gräbern geborgen werden. Fast jedes Grab enthielt verschiedenartige Schmuckgegenstände wie Armreifen, Gürtelschnallen, Anhänger oder Ketten, die aus exotischen Spondylusmuscheln oder Dentalien gefertigt worden waren. Die Spondylusmuschel ist etwa handtellergroß, stammt aus dem Mittelmeer oder dem Schwarzen Meer und wurde bereits 5000 v. Chr. über weite Strecken als Handelsware nach Mitteleuropa gebracht. Schmuck aus Dentalienröhrchen ist seit dem Jungpaläolithikum bekannt. Im Grab Nr. 13 von Rutzing lagen neben Spondylusschmuck auch etwa 120 geschnitzte hirschgrandlförmige Knochenperlen. Die häufige Existenz von Schmuck aus diesem über 2000 Kilometer Entfernung gehandelten Material ist ein sehr erstaunliches Phänomen des Frühneolithikums. Es ist jedoch keine sichere Aussage darüber möglich, welche Bedeutung er hatte oder ob es sich vielleicht sogar um Statussymbole bestimmter Gesellschaftsschichten handelte.

Die anthropologischen Befunde der 24 neolithischen Skelette wurden 1994 von Sylvia Kirchengast und Eike-Meinrad Winkler einer Revision unterzogen. Die neolithische Gräbergruppe umfasste demnach sieben männliche, zehn weibliche und sieben unbestimmbare Individuen. Das Sterbealter dürfte bei neun Individuen unter 18 Jahren gelegen sein, zwölf dürften ein Alter von 19 bis 40 Jahren erreicht haben und drei Bestattete dürften älter als 40 Jahre geworden sein. Das Geschlechterverhältnis und die unterschiedlichen Sterbealter legen den Schluss nahe, dass es sich vielleicht um den Bestattungsplatz einer Familie gehandelt hat. Einige hundert Meter vom Gräberfeld entfernt, im Bereich der Schottergrube Adolf Rieder, wurden im selben Jahr Reste der dazugehörigen Siedlung freigelegt. Als die zuständige Stelle über diese Entdeckung informiert wurde, war die Humusschicht von der Schubraupe bereits bis zum anstehenden Schotter abgeschoben. Auf dem freigelegten Areal waren 38 dunkle, meist kreisförmige oder ovale Flecken in verschiedenen Größen zu erkennen. Die Archäologen interpretierten diese Verfärbungen als Siedlungsgruben, Speicher und Keller.

Die planlose Streuung und die unregelmäßigen Größen der Humusflecken sprechen eher, so wie Josef Reitinger später in seinem Buch „Oberösterreich in ur- und frühgeschichtlicher Zeit“ feststellte, für Reste ehemaliger Abfallgruben. Aus diesen Gruben wurde ursprünglich Lehm zum Verputzen der Hauswände entnommen. Da die Schächte teilweise in den Schotterkörper reichten, ist anzunehmen, dass die damaligen Siedler auch den anstehenden Schotter, vielleicht zum Befestigen der Gehwege im Siedlungsbereich, nutzten. Diese Gruben wurden dann später mit Abfall gefüllt.

Aus den Grubenresten konnten die Ausgräber eine große Anzahl Keramikreste, Steinwerkzeuge, Feuerstein- und Serpentinitabschläge, Unterlagsplatten von Handmühlen, Tierknochen und Hirschgeweihstangen bergen. Auf manchen der zahlreich gefundenen Hüttenlehmstücke waren noch Rutenabdrücke des

Grabbeigaben aus Grab 13, Spondylusschmuck, geschnitzter Knochenschmuck und Pfeilspitze

Flechtwerkes der Hauswände zu erkennen. Hinweise auf Pfostenlöcher ehemaliger Häuser wurden nicht gefunden; diese wurden wahrscheinlich mit dem Erdreich abgeschoben. Aus dem abgelagerten Erdreich hat man noch große Mengen Keramikscherben bergen können. Die Analysen der Keramikteile haben ergeben, dass auf den Niederterrassen der Traun verschiedene Kulturen der Jungsteinzeit lebten. Von den frühen Linearbandkeramikern über die Notenkopfkeramiker bis zur Münchshöfener Kultur liegen eindeutige Nachweise vor – sie belegen eine lange Besiedelungsdauer vom 6. bis ins 4. Jahrtausend v. Chr.

Linearbandkeramische Siedlungsreste von Tödling

Dem aufmerksamen und an unserer Vergangenheit interessierten Zeitgenossen Peter Wächter ist es zu verdanken, dass die urgeschichtlichen Zeugnisse von Tödling nicht verloren gegangen sind. Er meldete im März 1998 dem Oberösterreichischen Landesmuseum auffällige Erdverfärbungen und archäologische Objekte, die er bei Baggerarbeiten im Zuge der Verbreiterungsarbeiten der A1 in Gemering, St. Florian beobachtet hatte. Die Fundstelle liegt zwischen der Westautobahn A1 und der Bundesstraße B1, nördlich der Ortschaft Tödling. Die vom Oberösterreichischen Landesmuseum eingeleitete Rettungsgrabung wurde von Thomas Pertlwieser geleitet und dauerte mit Begleitung der Erdarbeiten und einzelnen Grabungskampagnen bis in das Jahr 2000. Trotz massiver Zerstörungen brachten die Untersuchungen höchst interessante Befunde ans Tageslicht. Neben Speicher- und Abfallgruben konnten unter den fundleeren oberen Schichten der ehemals landwirtschaftlich intensiv genutzten Ackerfläche die Pfostenlöcher von mehreren linearbandkeramischen Langhäusern nachgewiesen werden. Die Siedlung war im Norden und Westen von Abschnittsgräben und ehemaligen Wasserläufen begrenzt. Aus den Gruben wurden Keramikscherben, Tierknochen und Steinwerkzeuge geborgen. Auch eine Lehmabbaustelle wurde gefunden.
Mario Rinder hat sich in seiner Diplomarbeit aus dem Jahr 2012 der bandkeramischen Funde aus Tödling angenommen und sie ausgewertet. Aus den Ergebnissen konnten drei Grundrissreste von Langhäusern rekonstruiert werden. Die Häuser waren zwischen 15 und 19 Meter lang und vier bis sechs Meter breit. Der ehemalige Begehungshorizont der Siedlung war nicht mehr feststellbar; er dürfte durch neuzeitliche landwirtschaftliche Maschinen zerstört worden sein. Die meisten Funde stammen daher aus den rund 140 noch dokumentierbaren Gruben der Siedlung.
Der Großteil der Keramikfragmente konnte gegliedert und der älteren, der jüngeren und der späteren Stufe der Linearbandkeramik zugewiesen werden. Im Tödlinger Material befanden sich auch 23 Silexartefakte, 20 aus Hornstein und drei aus Radiolarit. Einzelne Artefakte sind aus Rohmaterialien gefertigt, die damals

über weite Strecken in die Siedlung gebracht wurden. Es sind Hornsteine dabei, die aus südbayerischen Lagerstätten und den Bakony-Bergen in Westungarn stammen. An geschliffenen Steinartefakten befanden sich ein hoch-schmaler Dechsel aus Amphibolit, ein Steinbeil aus Serpentinit und ein Bruchstück einer Axt im Fundgut. Neben Mahl-, Schleif- und Reibsteinen waren auch eine vollständige und ein Bruchstück einer Geröllkeule unter den Funden. Fünf Knochenartefakte stammen ebenfalls aus den Gruben von Tödling.
Auf der mehr als sieben Hektar großen untersuchten Fläche konnten auch eine Gräbergruppe der Glockenbecherkultur, die Reste einer frühbronzezeitlichen Siedlung, Grubenobjekte der späten Latènezeit sowie eine römerzeitliche Gräbergruppe entdeckt werden.

Ein neolithischer Siedlungsplatz in Leonding

In der Stadt Leonding wurden im Zuge einer Notgrabung Reste einer neolithischen Siedlung freigelegt. Die Fundstelle liegt auf einem heute weitgehend verbauten Grundstück, auf einem sanften Rücken zwischen dem Grundbach und dem Staudacher Bach.
Im Sommer 1994 hat eine Baufirma bei Baggerarbeiten für das neue Gendarmeriegebäude Gräber angeschnitten, was zur Einleitung einer Notgrabung durch das Oberösterreichische Landesmuseum führte. Vom 20. Juli bis 30. August wurde dann unter der Leitung von Vlasta Tovornik und Manfred Pertlwieser auf den Parzellen 2015/2 und 2015/3 KG Leonding eine systematische Notgrabung durchgeführt. Neben bairischen und römischen Gräbern konnten Teile einer neolithischen Siedlung festgestellt und ausgegraben werden. Der neolithische Grabungsbefund ergab ein Einzelgrab, 32 Siedlungsgruben und einen zweiphasigen Graben mit Palisadengräben. Grabenwerke mit Palisadenanlagen waren wohl Befestigungsanlagen, die das Dorf vor unerwünschten Eindringlingen schützen sollten.
Die wenigsten Objekte wurden in der ursprünglichen Lage *(in situ)* vorgefunden, sodass von sekundären Erdbewegungen und Umlagerungen ausgegangen werden musste. Die reichlich geborgenen Keramikfragmente gaben Aufschluss über eine sehr lange Besiedelungsperiode. Spezifische Formgebung und Verzierungsmuster auf den Keramikscherben machten eine Zuordnung zu verschiedenen Kulturstufen des Neolithikums möglich. Der Großteil der Keramikreste konnte der frühneolithischen Linearbandkeramik zugeordnet werden. Karina Grömer spricht von mindestens drei erkannten Subphasen der Bandkeramik. Nach der bandkeramischen Besiedelung dürfte der Platz eine Zeitlang unbesiedelt gewesen sein. Erst für das Mittelneolithikum konnten wieder eindeutige Belege der Lengyel-Kultur,

links: Bandkeramische bombenförmige Keramikgefäße;
rechts: Letzte Ruhestätte der Leondine im Stadtmuseum Leonding, Turm 9

der Oberlauterbacher Gruppe und der Münchshöfener Kultur festgestellt werden. Einzelne Gefäßteile konnten keiner in dieser Gegend vorkommenden Kulturgruppe zugeordnet werden. Es ist naheliegend, dass neben qualitativ guten Hornsteinen, Obsidian und anderen Mineralien auch Keramikgefäße über weite Strecken im Tauschhandel in die Siedlung gelangten. Nach der Münchshöfener Besiedelung dürfte der Siedlungsplatz aufgegeben worden sein.

Das vorgefundene Einzelgrab einer jungen, grazilen Frau enthielt viele Beigaben. Neben vier bemaltkeramischen Gefäßen konnten Knochen vom Schwein und Hirsch, die als Fleischbeigaben zu interpretieren sind, geborgen werden. Auffällig sind die für Frauenbestattungen unüblichen Beigaben wie etwa eine Pfeilspitze, Silices, ein Eberzahn und das Bruchstück eines Dechsels. Die der Bestattung beigegebenen Gefäße sind nach typologischen Gesichtspunkten der mittelneolithischen Lengyel-Kultur zuzuweisen. Ihre letzte Ruhestätte hat die mit dem Kosenamen „Leondine" versehene junge Frau aus der Jungsteinzeit im Museum der Stadt Leonding im Turm 9 gefunden.

Mit der durchgeführten Notgrabung wurde nur ein geringer Teil der neolithischen Siedlung von Leonding erfasst. Die Grabungsbefunde belegen eine Besiedelung ab etwa 5 200 bis circa 4 300 v. Chr. mit kulturellen Einflüssen aus dem heutigen Ostösterreich und Süddeutschland.

Karina Grömer hat mit ihrer Publikation „Jungsteinzeit im Großraum Linz" von 2001 das neolithische Fundmaterial von der Grabung in Leonding detailliert aufgearbeitet und damit der oberösterreichischen Urgeschichtsforschung einen großen Dienst erwiesen.

Bei der systematischen Suche nach urgeschichtlichen Fundplätzen im oberösterreichischen Zentralraum stieß der Heimatforscher Robert Neuhauser aus Gmunden im Jahr 2011 in Pasching auf topografisch optimale Bedingungen für derartige Erkundungen. Die fruchtbaren, leicht nach Süden geneigten Lössböden mit Zugang zu Wasser waren für die frühen Bauern bevorzugte Siedlungsplätze. Erste Kontakte mit dort ansässigen Landwirten bestätigten seine Annahmen, denn diese hatten in den letzten Jahrzehnten bereits eine beachtliche Anzahl neolithischer Hinterlassenschaften von ihren Feldern aufgesammelt. In den umfangreichen Sammlungen der an der Urgeschichte interessierten Landwirte liegen Artefakte wie zum Beispiel Dechsel, welche auf die Anwesenheit einer sehr frühen Bauernkultur hinweisen. In der zweiten Hälfte des 6. Jahrtausends v. Chr. gründeten die aus Südosten eingewanderten Linearbandkeramiker ihre ersten Siedlungen auf oberösterreichischem Boden und betrieben Feld- und Viehwirtschaft.
Bei seinen Feldbegehungen am „Machfried-Feld" und der angrenzenden landwirtschaftlichen Fläche konnte Neuhauser Keramikfragmente bergen, die auf eine mehrphasige jungsteinzeitliche Besiedelung hinweisen. Folgende archäologische Kulturen konnte er aufgrund der Verzierungen auf den Keramikresten identifizieren: Linearbandkeramik, Notenkopfkeramik, Stichbandkeramik, Lengyel- und Münchshöfener Kultur. Neben vielen Keramikscherben kamen in Pasching auch zahlreiche besondere Steingeräte zutage. Hervorzuheben sind mehrere kleine Dolche aus bayerischem Hornstein sowie Klingen und Lamellen aus Szentgál-Radiolarit und Obsidian.
Da auf dem Gelände ein Wohnbauprojekt geplant war, wurde nach der Meldung an das Bundesdenkmalamt von der Baugenossenschaft eine Grabungsfirma mit der archäologischen Untersuchung des Areals beauftragt. Die Flächengrabung im fundreichen Nordosten des Feldes erstreckte sich auf 4 000 Quadratmeter und wurde von April bis Juni 2013 von der Firma Archeonova durchgeführt. Es kamen insgesamt 62 archäologisch relevante Befunde zutage, die hauptsächlich früh- und mittelneolithische Belege lieferten. Bei den Befunden handelte es sich um Gruben, die ursprünglich von den Bewohnern im Zuge der Lehmentnahme ausgehoben wurden. Der Lehm diente hauptsächlich zum Verputzen der mit Flechtwerk versehenen Hauswände und zur Fertigung von Keramik. Sekundär wurden die Gruben dann als Abfalldeponien genutzt. Es konnten weder Pfostenlöcher noch Vorratsgruben festgestellt werden, sodass anzunehmen ist, dass die ehemalige Geländeoberfläche durch Erosion und Ackerbau verloren gegangen ist oder dass die Grabung außerhalb des zentralen Siedlungsbereiches stattfand. Neben vielen lithischen Objekten konnten eine sehr große Anzahl an Keramikfragmenten sowie teilweise verbrannte Tierknochen aus den Gruben geborgen werden. Auf jeweils zwei Gruben

links: Kleiner Dolch aus Hornstein, Länge 4,6 cm; rechts: Obsidianlamellen

aufgeteilt, fanden sich Leichenbrände zweier männlicher Individuen. Folgende archäologische Kulturen konnten aufgrund der Funde bestätigt und ergänzt werden: Linearbandkeramik, Notenkopfkeramik, Stichbandkeramik, Lengyel-, Oberlauterbacher- und Münchshöfener Kultur sowie die eisenzeitliche Latènekultur. 2012 gelang Neuhauser unweit der ersten Fundstelle die Entdeckung von zwei weiteren ehemaligen neolithischen Siedlungsplätzen („An der Westzeile" und „Am Südhang").

Aufgrund des Straßenbauvorhabens Verbindungsstraße Spange West-BA2 wurde dem Bundesdenkmalamt 2013 die Oberflächenfundstelle „An der Westzeile" gemeldet. Bei der erfolgten archäologischen Baubegleitung durch das Bundesdenkmalamt konnten 19 Gruben dokumentiert werden. An den Oberkanten der verfüllten Gruben wurden zahlreiche Keramikbruchstücke, Artefakte aus Bergkristall sowie Tierknochen geborgen. Die mit Bogenlinien verzierten Keramikfragmente stammen aus der Zeit der sogenannten älteren Linearbandkeramik. Andere Keramikteile konnten in die Lengyel-Kultur datiert werden. Da östlich der neuen Verbindungsstraße ein Parkplatz geplant war, wurde die Firma Archeonova mit der archäologischen Untersuchung der Verdachtsfläche beauftragt. Die Grabung brachte zwölf frühneolithische Grubenbefunde, ein frühneolithisches Pfostenloch sowie einen Graben aus derselben Zeit an das Tageslicht. Die Gruben liegen alle auf einer Lehmlinse, die Pfostengrube und der Graben hingegen auf Lössuntergrund. Der Großteil der keramischen Funde konnte der jüngeren Linearbandkeramik (Notenkopfkeramik) zugewiesen werden. Weiters wurden auf dem Areal vier teilweise durch den Pflug gestörte frühbronzezeitliche Hockergräber mit für diese Zeit typischen Grabbeigaben entdeckt.

2016 wurde von der Firma Archeonova auf einer weiteren neolithischen Fundstelle („Am Südhang") in Pasching sondiert. 18 neolithische Befunde (Siedlungsgruben, Gräben und Pfostengruben) wurden archäologisch untersucht. Zahlreiche fein gearbeitete Fragmente der Stichbandkeramik sind schöne Belege für das jüngere Frühneolithikum. Neben weiteren neolithischen Nachweisen wie Klingen, Kernen, Beilen, Dechseln und Hüttenlehm konnten auch eisenzeitliche Keramik und Urnengefäße geborgen werden.

Die Errichtung einer Schule samt Kindergarten und Hort waren 2018 der Anlass dafür, dass auf der bereits 2013 teilweise archäologisch untersuchten Fläche eine weitere archäologische Grabung vorgenommen wurde. Auf einer Fläche von 5 144 Quadratmetern konnten von Archeonova 55 urgeschichtliche Befunde ergraben und dokumentiert werden. Es handelte sich meist um verfüllte Materialentnahmegruben, bei drei früh- bis mittelneolithischen Grabenstrukturen möglicherweise um Zaungraben. Pfostenlöcher wurden keine gefunden. Auffällig sind die vielen fragmentierten Unterlagsplatten aus Stein, Abschläge und Kerne, die auf einen damaligen Arbeits- oder Werkstättenbereich schließen lassen. Eindeutige Keramik der Linearbandkeramiker und der Lengyel-Kultur belegen eine früh- bis mittelneolithische Besiedelung. Auch die Oberlauterbacher- und Münchshöfener Gruppe sind durch einzelne Keramikfragmente belegt. Aus zwei Befunden stammen Gefäßfragmente aus der Bronzezeit.

Die Grabungsfläche nach Humusabschub; im anstehenden Lehm-/Lössboden zeichnen sich deutlich Grubenbefunde ab

Die archäologischen Befunde aus dem Gemeindegebiet von Pasching zeigen uns, dass auf diesem Gebiet über viele Jahrhunderte eine sehr frühe Bauerngesellschaft lebte und wirtschaftete. Wo aber die neolithischen Siedler ihre Toten begraben haben, wurde bis jetzt noch nicht entdeckt.

In den vom Bundesdenkmalamt veröffentlichten Fundberichten Österreichs Nr. 52 (2013), Nr. 55 (2016) und Nr. 57 (2018) wird ausführlich über die neolithischen Funde von Pasching berichtet.

Eine detaillierte Übersichtsarbeit zur Urgeschichte von Pasching findet sich in der 2018 erschienenen Heimatchronik des Ortes.

Neolithische Besiedelungsnachweise auf der Burgwiese in Ansfelden

Erste eindeutige Hinweise auf eine urgeschichtliche Besiedelung der Burgwiese in Ansfelden reichen in die 1930er-Jahre zurück. Franz Stroh vom Oberösterreichischen Landesmuseum hat mit einigen Helfern 1935 drei in der Nähe der Burgwiese gelegene hallstattzeitliche Hügelgräber ausgegraben und erstmals eine Abschnittsbefestigung am Geländesporn erwähnt. Dieser markante Siedlungsplatz über dem rechten Kremsufer, unmittelbar vor der Mündung in die Traun, ist an drei Seiten durch steile Abhänge geschützt. Der Zugang von Südwest war durch zwei von Menschenhand angelegte Abschnittswälle und vorgelagerte Gräben im Abstand von 180 Metern gesichert.

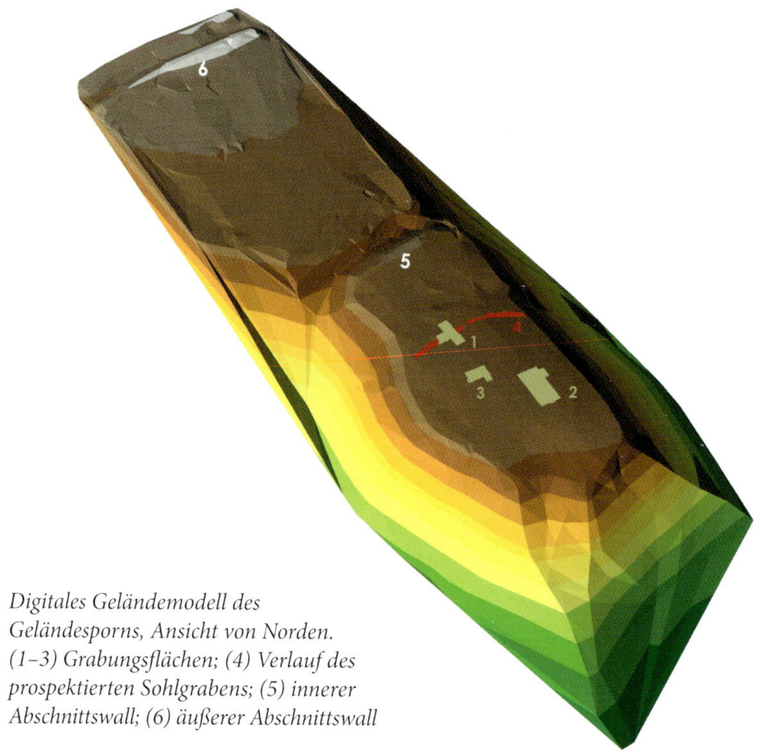

Digitales Geländemodell des Geländesporns, Ansicht von Norden. (1–3) Grabungsflächen; (4) Verlauf des prospektierten Sohlgrabens; (5) innerer Abschnittswall; (6) äußerer Abschnittswall

Im Zuge des Forschungsprojektes „Höhensiedlungen im Linzer Raum" wurde 1999 mit finanzieller Unterstützung der Stadtgemeinde Ansfelden die erste Grabungskampagne auf der Burgwiese begonnen. Die jeweils in den Sommermonaten der Jahre 1999 bis 2002 durchgeführten Grabungen standen unter der wissenschaftlichen Leitung von Otto H. Urban, Institut für Ur- und Frühgeschichte der Universität Wien, und Erwin M. Ruprechtsberger vom Nordico Stadtmuseum Linz. Die örtliche Grabungsleitung hatte Peter Trebsche inne. Die Grabungsergebnisse wurden von ihm in seiner Dissertation dokumentiert und in zwei umfangreichen Bänden 2008 veröffentlicht.
Nach der 1999 durchgeführten Sondierungsgrabung wurde zur Planung der weiteren Vorgehensweise eine geophysikalische Prospektion durchgeführt. Mithilfe dieser zerstörungsfreien Sondierungstechnik konnten verschieden dimensionierte Gruben, Pfostenlöcher und die Abmessungen der Gräben festgestellt werden. Aufgrund dieser Ergebnisse konzentrierten sich die weiteren Grabungsaktivitäten auf das Siedlungsinnere. In den vier Grabungsjahren wurden drei Grabungsflächen mit insgesamt etwa 400 Quadratmetern untersucht, was rund fünf Prozent der Fläche innerhalb des Innenwalls entspricht. Es konnten mehrere ur- und frühgeschichtliche Kulturen nachgewiesen werden, wovon drei in das Neolithikum fallen. Die auf der Burgwiese von Ansfelden entdeckten Siedlungsbefunde stellen sich in chronologischer Reihenfolge wie folgt dar: Münchshöfener Kultur, Mondseekultur, Chamer Kultur, frühbronzezeitliche Besiedelungsphase, Hallstattkultur.

Der älteste Besiedelungsnachweis stammt von der Münchshöfener Kultur, die durch klassische Keramik der Münchshöfener Gruppe belegt werden konnte. Von der Besiedelungsfläche waren wegen Erosion nur wenige Belege *in situ* erhalten. Vorhanden war nur ein einziger Schichtbefund; der Großteil der Münchshöfener Keramik war in jüngere Schichten und in die Abhänge der Burgwiese verlagert.

Als zweite Besiedelungsphase konnte die frühe Mondseekultur mit verschiedenen Einflüssen benachbarter Keramikgruppen festgestellt werden. Auffällig ist Keramik der Michelsberger Kultur, deren nächstes Hauptverbreitungsgebiet in Süddeutschland liegt.

Archäologische Funde wie Mahl- und Reibsteine belegen Getreideverarbeitung, Fragmente von Webgewichten und zwei Spinnwirtel weisen auf Textilerzeugung hin. Zahlreiche in den Schwemmproben vorgefundene Fischreste lassen vermuten, dass Fischfang damals ein wichtiger Bestandteil der Ernährung war. Vier vollständige und einige Fragmente von kleinen, meist von beiden Seiten konisch durchbohrten, scheibenförmigen Steinperlen können ebenfalls der Mondseekultur zugeordnet werden. In der Fundschicht wurden auch einige Fragmente naturalistisch modellierter kleiner tönerner Tierfiguren entdeckt, die eventuell als Kinderspielzeug zu interpretieren sind. An den verziegelten Wänden einer Herdgrube waren noch Spuren der hölzernen Grabwerkzeuge erkennbar. Obwohl nur wenige Siedlungsbefunde erhalten geblieben sind, kann aufgrund der Fundstreuung davon ausgegangen werden, dass die Siedlung eine Ausdehnung von mindestens 1,9 Hektar hatte.

Der Mondseegruppe folgte die endneolithische Chamer Gruppe, die durch Keramiktypen nachgewiesen werden konnte. So passen zum Beispiel Spinnwirtel mit radialen Rillen und Stichverzierungen in diese Kulturstufe. Aus dieser Zeit stammt vermutlich auch ein bogenförmiger Abschnittsgraben mit einer Erdbrücke als Siedlungseingang. Die Siedlung der Chamer Kultur dürfte nicht über den inneren Abschnittsgraben hinaus gereicht haben. Sie ist damit auf eine wesentlich kleinere Fläche beschränkt als die ihrer Vorgänger. Das Keramikmaterial lässt aufgrund der unterschiedlichen Verzierungsmuster zwei aufeinander folgende Besiedelungsphasen vermuten. Vorgefundene Hüttenlehmfragmente zeigen Flechtwerkabdrücke paralleler und verwundener Ruten. Andere Negative weisen auf Gerüste mit dünnen Rundhölzern und Geflechten hin, die mit Schnüren miteinander verbunden waren. Diese Erkenntnisse lassen auf die

Michelsberger Keramik

Spitzgraben aus dem späten Jungneolithikum

Konstruktion der Flechtwerkwände und Gebäudestrukturen schließen. Das Ende der letzten neolithischen Besiedelung könnte eine Brandkatastrophe gewesen sein. Rot gefärbte und gesprungene Steine sowie der im Graben einplanierte Brandschutt deuten auf ein solches Ereignis hin.

Als wirtschaftliche Aktivitäten konnten für alle drei Kulturstufen Viehzucht (Rind, Schaf, Ziege, Schwein), Ackerbau (Emmer, Einkorn, Nacktgerste), Jagd und Fischfang nachgewiesen werden.

In den Jahren 2006 bis 2008 wurden im Rahmen des archäologischen Projektes „Höhensiedlungen im Linzer Raum" die Ausgrabungen auf der Burgwiese fortgesetzt. Die örtliche Leitung lag wieder bei Peter Trebsche. Ziel war es, den Bereich des inneren Abschnittswalls näher zu untersuchen. Zu diesem Zweck wurde ein 15 x 4 Meter großer Schnitt angelegt. Die Befundungen aus diesem Grabungsschnitt ergaben, dass mindestens vier neolithische Besiedelungsphasen vorliegen. Die Bearbeitung des neolithischen Fundmaterials wurde von Judith Wiesbauer-Klieber mit ihrer Diplomarbeit 2017 veröffentlicht.

Aus der untersten Kulturschicht stammen vier Pfostenlöcher, Keramik, Tierknochen, Silices, Holzkohle, Hüttenlehm, eine Pfeilspitze und eine Reibplatte. Diese Befunde wurden von der Bearbeiterin der frühen bis mittleren Münchshöfener Kultur (um 4300 v. Chr.) zugewiesen.

Weitere Pfostengruben, Fundamentgräben, Keramikscherben, Tierknochen und Hüttenlehm kamen im nächsten Begehungshorizont zum Vorschein. Das Fundmaterial aus dieser Schicht konnte fast gänzlich der Mondseekultur zugewiesen werden, wobei einzelne Keramikfragmente Einflüsse benachbarter Kulturgruppen erkennen lassen. Aufgrund der vorliegenden Befunde wird die mondseezeitliche Besiedelung der Burgwiese um etwa 3800 bis 3700 v. Chr. angenommen.

Für das Endneolithikum konnten auch bei dieser Grabung wieder Pfostenlöcher, Hüttenlehm mit Abdrücken und Steinlagen festgestellt werden. Das vorgefundene Keramikmaterial wurde mehrheitlich der Chamer Kultur zugewiesen. Sicheleinsätze aus Silex, Reibplatten und Reibsteine belegen die Getreideverarbeitung. Durch das Auffinden von Spinnwirteln, Tonspulen, Knochennadeln und Webgewichten konnte auch Textilfertigung nachgewiesen werden. Mit einiger Wahrscheinlichkeit sind die Hinterlassenschaften der Chamer Gruppe in das 29. Jahrhundert v. Chr. einzuordnen. Die bereits nach der ersten Grabungskampagne vermutete Brandkatastrophe in der Zeit der Chamer-Besiedelung wurde durch weitere eindeutige Brandspuren bestätigt.

Die Kreisgrabenanlage von Ölkam

Die frühesten solchen Monumentalbauwerke Europas entstanden um 5 000 v. Chr. im heutigen Ungarn und der Slowakei. Von dort aus hat sich die Idee zum Bau dieser Anlagen in Richtung Westen und Norden ausgebreitet.
Kreisgrabenanlagen bestehen aus bis zu fünf kreisförmigen oder elliptischen Gräben mit Durchmessern von meist 40 bis 180, manchmal aber auch bis zu 300 Metern. Die Gräben waren meist drei bis acht Meter breit und erreichen heute noch Tiefen bis zu sechs Meter. Über Erdbrücken gelangte man in den inneren Bereich. Das ebene Zentrum wurde manchmal von einem oder mehreren Palisadenringen aus Holzstämmen umschlossen. Ein derartiges Bauvorhaben war damals sicher ein riesiges Gemeinschaftsprojekt, das gut überlegt und geplant werden musste. Eine große, gut organisierte Mannschaft war erforderlich, um mit den einfachen verfügbaren Werkzeugen die Gräben auszuheben, den Aushub zu planieren, die Bäume für die Palisaden zu fällen und im Erdreich zu verankern.
Der Verwendungszweck dieser oft monumentalen Erdbauten ist nicht eindeutig geklärt und lässt Spielraum für verschiedene Interpretationen und Spekulationen. Frühe Theorien zu einer Nutzung als Viehgehege oder Verteidigungsanlage werden heute als unwahrscheinlich erachtet. Auch zur astronomischen Ausrichtung von Kreisgrabenanlagen wurde gründlich geforscht und überlegt, ob es sich um Kalenderbauten oder Observatorien gehandelt haben könnte, mit denen die Leute beispielsweise Jahreszeiten berechnen konnten und so vielleicht eine Art Aussaatkalender hatten. Auch dafür sind die Belege eher spärlich. Vermutlich stellen die Anlagen Versammlungsplätze für kultische oder soziale Zusammenkünfte dar. Es ist vorstellbar, dass dort Zeremonien, Jahrmärkte, Wettkämpfe, Sonnwendfeste oder Begräbnisse abgehalten wurden.
Durch die neuzeitliche landwirtschaftliche Bearbeitung sind diese prähistorischen Anlagen weitgehend eingeebnet worden und heute zu ebener Erde nicht mehr erkennbar. Mithilfe der Luftbildarchäologie wurde es aber ab den 1960er-Jahren möglich, viele ehemalige Kreisgrabenanlagen ausfindig zu machen. Ohne Eingriff in das Erdreich können jetzt mit Bodenradar und Geomagnetik interpretierbare Unregelmäßigkeiten wie Gräben und Pfostensetzungen unter der Erdoberfläche festgestellt werden.

Aus Oberösterreich ist offiziell nur eine Kreisgrabenanlage bekannt, eine zweite wird in diesem Buch zum ersten Mal erwähnt. Wir kennen aber heute bereits etwa 50 Kreisgrabenanlagen allein in Niederösterreich. Vor allem im Weinviertel, wo sie in Luftbildern besonders gut sichtbar sind, dürfte beinahe jede größere mittelneolithische Ansiedlung ihren eigenen Kreisgraben besessen haben. Auch in anderen Regionen Niederösterreichs sowie in Oberösterreich warten wahrscheinlich noch einige Kreisgrabenanlagen auf ihre Entdeckung.

Im Zuge von Straßenbauarbeiten hat man 1986 inmitten von fruchtbarer Ackerlandschaft die neolithische Kreisgrabenanlage bei Ölkam, St. Florian angeschnitten und entdeckt. Von 1992 bis 1997 wurden dann unter der Leitung von Manfred Pertlwieser vom Oberösterreichischen Landesmuseum systematische Ausgrabungen durchgeführt. Bis zum Abschluss der Grabungskampagne hatte man etwa 50 Prozent der Grabenanlage archäologisch untersucht. Ebenso konnten Teile des angrenzenden Siedlungsgebietes freigelegt werden.

Die Anlage von Ölkam besteht aus zwei Kreisgräben mit Durchmessern von 68 beziehungsweise 45 Metern bei einer Grabenbreite von drei beziehungsweise 2,5 Metern. Die kreisförmige Wall- und Grabenanlage war vermutlich innen mit hohen Holzpalisaden umrahmt. Mindestens zwei Tore führten in die Anlage, wobei die zwei bis 2,5 Meter tiefen Gräben auf Erdstegen überwunden werden konnten. Im Rahmen der Grabung wurde 1996 der bekannteste Fund von Ölkam, eine vollständige Frauenstatuette geborgen. Sie fügt sich gut in das Spektrum von derartigen Funden zeitgleicher anderer mittelneolithischer Fundstellen der Lengyel-Kultur ein. Typisch bei diesen Tonfiguren ist die Betonung von Oberschenkel und Gesäß, während gleichzeitig die Brüste, Arme und Beine sowie der Kopf nur angedeutet bleiben. Reste von Farbspuren belegen, dass die Statuette ursprünglich bemalt war. Die Frauenstatuette ist aus gebranntem Ton, 17 Zentimeter hoch und dürfte etwa aus der Zeit um 4 800 v. Chr. stammen. Neben der

links: Luftbildaufnahme von der Anlage Ölkam mit hervorgehobenem Ausgrabungsbefund; rechts: Rekonstruktion einer Kreisgrabenanlage am Heldenberg, Kleinwetzdorf, NÖ

unversehrten Statuette konnten auch einige Fragmente von ähnlichen Figuren geborgen werden. Die Bedeutung dieser Statuetten ist nicht klar. Es könnten Fruchtbarkeitssymbole oder Schutzgottheiten gewesen sein. Sie könnten aber auch eine völlig andere Bedeutung gehabt haben. Der Großteil der geborgenen Hinterlassenschaften – etwa Keramik der Lengyel-Kultur, verschiedene Steinwerkzeuge, Knochenmaterial und Ähnliches aus der mittelneolithischen Kreisgrabenanlage und der nahegelegenen Ansiedlung – liegt im Depot des Oberösterreichischen Landesmuseums und wartet auf die umfassende wissenschaftliche Bearbeitung.

Manfred Schmitzberger hat in seiner Diplomarbeit die aus den Gräben von Ölkam geborgenen 3 510 Tierknochen analysiert und damit ein Bild über die damalige Fleischversorgung gezeichnet. Mehr als 90 Prozent der Knochenfunde stammen von Wildtieren, vor allem vom Rothirsch, gefolgt von Wildschwein und Reh. Die Gegend mit den nahegelegenen Donauauen und der waldreichen Hügellandschaft dürfte damals sehr wildreich gewesen sein. Bei der Haustierhaltung dürfte das Schwein vor dem Rind dominiert haben.

oben: Die Frauenstatuette aus gebranntem Ton von Ölkam; unten: Lengyel-Keramik von Ölkam

Vermutete Kreisgrabenanlage bei Wels

Ein aufmerksamer Betrachter der OÖ-DORIS-MAP hat auf dem Gemeindegebiet der Stadt Wels eine spannende Entdeckung gemacht. Der unregelmäßige Bewuchs auf einem Feld lässt auf die Reste eines großen Erdwerkes schließen. Wie es aussieht, dürfte es sich um eine mittelneolithische Kreisgrabenanlage mit drei Gräben handeln. Das Bundesdenkmalamt wurde darüber informiert.

Neolithische Oberflächenfunde aus St. Florian

Eingebettet in das hochwertige Ackerland zwischen den Flüssen Traun und Enns liegt an der Grenze zum Linzer Becken die Marktgemeinde St. Florian. Die mit fruchtbarer Braunerde bedeckten sanften Hügel und Niedertrassen werden heute landwirtschaftlich intensiv genutzt. Zwei kleine Bachläufe (Ipfbach und Tagerbach) durchziehen das Gemeindegebiet.
Schon die Menschen der Jungsteinzeit schätzten diese Gegend und gründeten dort sehr früh ihre ersten Siedlungen. Im Ortsteil Tödling wurden Ende des 20. Jahrhunderts Reste einer bandkeramischen Ansiedlung entdeckt und wissenschaftlich bearbeitet. Die einzige in Oberösterreich untersuchte Kreisgrabenanlage liegt ebenfalls auf dem Gemeindegebiet von St. Florian. Dass hier auf verschiedenen Feldern immer wieder neolithische Steingeräte oder deren Bruchstücke an die Oberfläche kommen, ist in der Fachwelt bekannt. All diese Hinweise bekräftigen die Annahme, dass diese Region über Jahrtausende hindurch ein besonders bevorzugtes Siedlungsgebiet verschiedenster neolithischer Kulturen war.
Der Heimatforscher Friedrich Ehrl hat mehrfach in den Jahrbüchern des Oberösterreichischen Musealvereins (Gesellschaft für Landeskunde) über jungsteinzeitliche Oberflächenfunde aus St. Florian berichtet. Seine Mitteilungen beziehen sich auf Funde, die aufmerksame Landwirte im Zuge ihrer Feldarbeit aufgelesen

v. l. n. r.: Axt aus Serpentinit, Länge 11,4 cm; Dechsel, der größte ist 16 cm lang; Rillenschlägel, Höhe 11,5 cm

haben. Die Lesefunde stammen von verschiedenen Ortsteilen von St. Florian und liegen heute in den Privatsammlungen der Finder. Eine beachtliche Sammlung jungsteinzeitlicher Steingeräte von seinen Feldern liegt bei Landwirt Karl Stiebitzhofer in Unterweidlham. Bei weiteren Landwirten in Oberweidlham, Niederfrauenleiten und Tödling befinden sich ebenfalls verschiedene Funde wie Äxte, Flachbeile oder Reibsteine aus dem Neolithikum. In der Kunstsammlung des Stiftes St. Florian liegen ebenfalls Lochbeile, Flachbeile, Pfeilspitzen und ein kleiner Rillenschlägel. Diese Steingeräte wurden in der Vergangenheit von verschiedenen Findern dem Stift übergeben und stammen aus der Umgebung.

Der Sammler und interessierte Laie Peter Wächter aus Linz hat sich in den letzten zehn Jahren auf die Erforschung einiger Fluren in Rohrbach konzentriert. Es ist ihm dort gelungen, von einem sehr begrenzten Bereich verschiedene Nachweise einer sehr frühen Besiedelung von den Feldoberflächen aufzusammeln. Drei Dechsel, eine komplette Scheibenkeule, zwei Halbfabrikate dieser seltenen Geräte und einen Rillenschlägel hat er von dieser Fundstelle aufgelesen. Diese Artefakte lassen darauf schließen, dass es sich um Hinterlassenschaften aus dem Frühneolithikum handelt. Rillenschlägel waren mit einer Schlinge auf ein Holz geschäftet und wurden wie ein Hammer verwendet. Neben diesen besonderen Fundstücken liegen verschiedene Flachbeile, ein Lochbeil, viele Beilfragmente, eine Pfeilspitze und einige Silexabschläge in seiner Sammlung. Peter Wächter hat seine Funde und die Fundumstände genau dokumentiert sowie die Fundstellen in Karten präzise vermerkt.

Von den Feldern der Niederterrassen an der Enns und den fruchtbaren Hügeln der Hochterrassen zwischen Enns und Steyr werden seit Jahrzehnten Relikte menschlicher Besiedelung aus der Jungsteinzeit von verschiedenen Sammlern und geschichtsinteressierten Landwirten aufgelesen. Heimatforscher Karl Habermaier hat in der zweiten Hälfte des 20. Jahrhunderts unzählige Hinterlassenschaften aus der Jungsteinzeit von den Feldern um Hargelsberg aufgesammelt und aufsammeln lassen. Als Volksschuldirektor hat er seine Schülerinnen und Schüler über Jahrzehnte hindurch dazu animiert, die Felder der Umgebung nach steinzeitlichen Spuren abzusuchen. Eine sehr umfangreiche Sammlung mit mehr als 2 500 neolithischen Fundstücken ist das Ergebnis jahrelanger Aktivitäten auf diesem Gebiet. Der Großteil der Sammlung Habermaier befindet sich heute im Museum Lauriacum in Enns. Die im Gemeindewappen von Hargelsberg abgebildete Knaufhammeraxt weist auf die zahlreichen Funde aus der Jungsteinzeit hin. In der Sammlung von Helmut Lausecker liegen ebenfalls viele jungsteinzeitliche Fundstücke aus dieser Region. Ein besonders erwähnenswertes und seltenes Artefakt ist ein vollständig erhalten gebliebenes Sichelblatt aus Baiersdorfer Plattenhornstein, das er auf dem Gemeindegebiet von Hargelsberg gefunden hat. Auf einem Feld in Kronstorf hat Lausecker ein Stück Serpentinit-Flussgeröll aufgelesen, das auf beiden Seiten einen Sägeschnitt aufweist. Das Werkstück lässt die Form eines geplanten Flachbeiles erkennen, wurde aber nicht weiter bearbeitet.
Der Landwirt Rupert Zittmayr aus Moos, Gemeinde Enns, besitzt verschiedene jungsteinzeitliche Artefakte von seinen Feldern und verwahrt diese in modernen Vitrinen auf seinem Bauernhof. Interessant ist ein Beilrohling mit beidseitiger Bohrung. Da die beiden Bohrlöcher keine perfekte Durchbohrung ergeben haben, wurde das Werkstück offensichtlich nicht weiter bearbeitet und verworfen. In seiner Sammlung liegt auch ein kleiner Glättstein, der vermutlich zum Glätten und Formen bei der Keramikfertigung verwendet wurde. Die Familie Brandner aus Kronstorf, die in der Nähe des Ennsstausees unweit vom Kraftwerk Mühlrading/Ernsthofen die Mostschänke Sacher betreibt, verwahrt einige neolithische Fundstücke, die von ihren Feldern stammen. Das Glanzstück der Sammlung ist ein unbeschädigtes, fein poliertes, großes Flachbeil aus Serpentinit.
Othard Temper hat im Zuge seiner Feldbegehungen in Staning ein spätneolithisches Kupferbeil gefunden. Die Gewinnung von Kupfer war damals äußerst aufwendig. Das Metall wurde oft über weite Strecken gehandelt und die Geräte daraus sind hauptsächlich als Statussymbole oder Waffen zu betrachten, denn als Arbeitswerkzeuge waren sie eher nicht zu gebrauchen. Eine besonders kunstvoll verzierte Streitaxt liegt im Museum Lauriacum in Enns. Diese formvollendete, mit feiner geometrischer Strichverzierung versehene Prunkaxt dürfte aus der Zeit der

obere Reihe v. l. n. r.: Sichelblatt aus Baiersdorfer Plattenhornstein von Hargelsberg, Länge 10,2 cm; Serpentinit mit Sägeschnitten von Kronstorf; Beilrohling mit Fehlbohrungen von Enns; untere Reihe v. l. n. r.: Glättstein von Enns; Kupferbeil von Staning, Länge 8,5 cm; Flachbeil aus Serpentinit von Kronstorf, Länge 14,5 cm; Prunkaxt aus Serpentinit von Enns, Länge 19,5 cm.

Schnurkeramik stammen. Die aus grauem Serpentinit gefertigte Axt wurde im verlagerten Aushubmaterial aus einer Baugrube auf der Niederterrasse der Enns unterhalb des Ennser Wasserturms gefunden. Eine weitere, ähnlich verzierte Axt aus Enns wird im Oberösterreichischen Landesmuseum aufbewahrt. Die wenigen in den verschiedenen Sammlungen vorliegenden Keramikscherben lassen kaum zeitliche Einordnungen der Besiedelungsphasen zu. Ein vom Experten Oliver Schmitsberger in Kronsdorf aus Aushubmaterial aufgelesenes Keramikfragment konnte von ihm aufgrund der Musterung der Kultur der Notenkopfkeramik zugeordnet werden. Dieser Fund beweist die sehr frühe Anwesenheit der Bauernkultur in dieser Region. Es kann davon ausgegangen werden, dass während der gesamten Jungsteinzeit die fruchtbare Gegend am Unterlauf der Enns besiedelt war. Alle von verschiedenen Äckern zwischen den Städten Enns und Steyr geborgenen neolithischen Funde stammen von Oberflächenaufsammlungen. Obwohl es einzelne Felder mit besonderer Funddichte gab, wurden bisher nur in sehr bescheidenem Umfang wissenschaftliche Sondierungen vorgenommen.

In der Jungsteinzeit war die Sicherung der Ernährung für Großfamilien und Siedlungsgemeinschaften mit viel Aufwand verbunden. Vor allem der lange Weg von der Aussaat der Getreidekörner bis zum fertigen Brei oder Brot war eine permanente Herausforderung für die Menschen. Das Bearbeiten der Ackerböden mit dem hölzernen Grabstock und – ab dem späten Neolithikum – mit dem Hakenpflug sowie die Pflege und der Schutz des heranwachsenden Getreides erforderten ein hohes Maß an Arbeitsaufwand. Wenn während der Wachstumsperiode die Witterungsverhältnisse günstig waren, konnten die Familien im Sommer die reifen Ähren mit ihren Sicheln abschneiden. Erntesicheln bestanden meist aus einem krummen Holzstück, in dessen Innenseite der Biegung scharf schneidende Feuersteinklingen eingesetzt waren. Wegen ihrer Qualität besonders geschätzt waren Sichelblätter aus Baiersdorfer Plattensilex. Aus den geernteten und getrockneten Ähren wurden dann die Körner herausgeschlagen und im Wind von der Spreu getrennt. Nachdem die Körner in Handarbeit von Unkrautsamen befreit waren, konnten diese in tönernen Vorratsgefäßen oder anderen Behältern und das Saatgetreide in Vorratsgruben gelagert werden.

Häufige Oberflächenfunde von ehemaligen jungsteinzeitlichen Siedlungsplätzen sind etwa faustgroße Klopfsteine und „Läufersteine" von Getreidemühlen. Bei diesen handelt es sich um den oberen Teil von steinernen Mühlen, mit denen das Hauptnahrungsmittel der Menschen – Getreide – gequetscht und gemahlen wurde. Den unteren Teil, die „Unterlieger", findet man seltener, denn diese wurden wegen ihrer Größe im Zuge des „Stoana-Klaubms" von den modernen Landwirten oft bereits unerkannt von den Feldern entfernt. Vor dem Mahlen mussten die Getreidekörner mit Holzmörsern von der schützenden Spelze getrennt werden. In kniender Haltung wurde dann von einer Person der Läufer mit beiden Händen erfasst. Durch Vor- und Rückwärtsbewegungen wurden die Getreidekörner zwischen Läufer und Unterlieger zermahlen. Eine stark abgenützte Mahlfläche musste vor dem Mahlprozess mit Klopfsteinen frisch aufgeraut werden. Es dauerte sicher eine geraume Zeit, bis von einer Person genug Mehl für den Brei oder das Fladenbrot einer Mahlzeit für die Großfamilie gemahlen war. Die Mahlzeiten wurden, je nach Vorhandensein, mit Linsen, Erbsen, Lein, Rüben, Bucheckern, Haselnüssen sowie Beeren und Pilzen aus dem Wald ergänzt. Fleisch und Fisch standen eher selten auf dem Speiseplan.

Im Neolithikum waren auch die Nieder- und Hochterrassen des niederösterreichischen Teils des Unterlaufes der Enns von Menschen besiedelt. Die Enns bildete eine natürliche, markante und teils schwer zu überwindende Grenze zwischen den beiden Siedlungsräumen.

Neolithische Getreidemühle, der Unterlieger stammt von einem Feld in Dietach

Manche Wegverbindung endete an einer breiten, flachen Stelle der Enns, durch die man den Fluss bei Niedrigwasser problemlos watend durchqueren konnte und dann am anderen Ufer den Weg fortsetzen. Bei hohem Wasserstand, zum Beispiel während der Schneeschmelze oder nach Schlechtwetterperioden, war eine Überquerung der Enns zu Fuß durch eine Furt sicher nicht möglich. Wahrscheinlich wurden von den Menschen des Neolithikums an der Enns aber zu diesem Zweck auch Einbäume genutzt.

Am linken Ennsufer wurden im 20. Jahrhundert mittels Luftbildaufnahmen zwei halbkreisförmige Grabenwerke entdeckt. Eine dieser Anlagen liegt südlich der Stadt Enns, hoch über dem Flussufer. Der zweite Abschnittsgraben befindet sich in der Ortschaft Staning, unmittelbar an der Abbruchkante zur Enns. Die Reste der beiden Anlagen liegen noch unerforscht unter der Ackerscholle. Eine Klärung, ob es sich um jungsteinzeitliche Befestigungen, mittelalterliche Schanzen zum Schutz von Furten oder andere Bauwerke handelt, könnten bodenschonende geophysikalische Messungen bringen.

Die Gräber von Scharlinz

Die endneolithische Glockenbecherkultur (ca. 2 500 bis 2 200 v. Chr.), die in Süd-, West- und Mitteleuropa bis Ungarn verbreitet war, hinterließ auch in Oberösterreich ihre Spuren.

Im Herbst 1940 wurden dem Oberösterreichischen Landesmuseum (damals Museum des Reichsgaues Oberdonau) Bodenfunde, die bei Bauarbeiten für die Zubringerstraße zur Autobahn (A1) zutage gekommen waren, übergeben. Die Fachleute vom Museum begaben sich sofort zur Fundstelle. Dort stellte sich heraus, dass es sich um zwei bereits zerstörte und teilweise schon abtransportierte Bestattungen handelte, aus denen die Funde stammten. Die dem Museum bereits übergebenen Grabbeigaben waren schon Tage zuvor entdeckt worden und dürften vom Grab 1 stammen. Der Bauaufseher hatte auch die Beigaben vom Grab 2 geborgen und konnte sie den Mitarbeitern des Museums vor Ort übergeben.

Die Wiederherstellung der in viele Teile zerbrochenen Keramikgefäße wurde vom Institut für Denkmalpflege in Wien durchgeführt.

Ein kleiner Kupferdolch und zwei Henkeltöpfchen konnten dem Grab 1 zugeordnet werden. Der etwas größere Kupferdolch (11,8 cm Länge), eine

Grabinventar aus Grab 1

Schüssel und ein Henkeltöpfchen mit Verzierungsleiste sowie das Fragment eines verzierten Knochenstückes wurden dem Grab 2 zugewiesen. Kupferdolche, Henkeltöpfchen sowie bogenförmige, verzierte Anhänger aus Knochen sind typische Beigaben in Gräbern der Glockenbecherkultur. Derart wertvolle Beigaben wie seltene Kupferdolche können auch zum Ausdruck bringen, dass man den Toten etwas ganz Besonderes für die Ewigkeit mitgeben wollte.

Die glockenbecherzeitlichen Gräber von Tödling

Bei der 1998 nördlich von Tödling, Ortschaft Gemering, Gemeinde St. Florian, durchgeführten Notgrabung wurden nicht nur die Reste einer linearbandkeramischen Siedlung, sondern auch fünf glockenbecherzeitliche Gräber entdeckt. Daniela Kern berichtete im SONIUS Nr. 16, 2014 über diese Bestattungen. Bei den mit reichen Beigaben bedachten Toten handelte es sich um eine Frau und vier Männer, davon ein Jugendlicher. Die Gefäßbeigaben umfassten drei Schalen, vier Tassen und einen Henkeltopf – alles sogenannte einfache Begleitkeramik. Weiters wurden in den Gräbern Tierknochen, die als Reste von Speisebeigaben zu interpretieren sind, sowie ein Kupferdolch und das Bruchstück eines Silexgerätes gefunden. Besonders erwähnenswert sind aber die für die Glockenbecherkultur typischen, mit Mustern verzierten bogen- und stäbchenförmigen Anhänger. Diese acht Ziergegenstände aus den Gräbern von Tödling sind aus Eberhauern gefertigt und dürften als Schmuckanhänger oder als Verschlüsse für Gürtel oder Gurte gedient haben. Bogenförmige Anhänger sind für die östliche und die stäbchenförmigen eher für die westliche Glockenbecherkultur charakteristisch. Dass in Tödling beide Anhängertypen vorkommen, stellt eine Besonderheit dar. Die für die Glockenbecherkultur typische Bestattungsform konnte auch hier nachgewiesen werden. Die Toten wurden in strenger Hockerstellung in geschlechtsspezifischer Orientierung (Männer mit Kopf im Norden, Frauen mit Kopf im Süden) in Seitenlage beigesetzt, wobei der Blick jeweils nach Osten gerichtet war.

v. l. n. r.: Henkeltopf; Kupferdolch; Verzierte Knochenanhänger

Das Neolithikum außerhalb des oberösterreichischen Zentralraumes

Spätestens ab dem Mittelneolithikum wurden allmählich verschiedene Regionen außerhalb des fruchtbaren Zentralraumes von den Neolithikern erschlossen. Die frühen Ackerbauern und Viehzüchter besiedelten neben ertragreichen Ackerflächen auch die von Bodenbeschaffenheit und Klima oft nicht so begünstigten Regionen Oberösterreichs. Ob auf Hügeln der Voralpen, an Seeufern oder auf kargen Böden des Mühlviertels – überall finden wir heute noch ihre Spuren. Die Menschen der Jungsteinzeit passten sich den natürlichen Gegebenheiten an und nutzten die vorhandenen Ressourcen. Ob steigender Bevölkerungsdruck oder andere Gründe vorlagen, dass damals auch das abgelegene Hinterland urbar gemacht und bewirtschaftet wurde, wissen wir nicht genau.

Neolithische Höhensiedlungen im Alpenvorland

Ein sehr interessantes, vor allem jungsteinzeitliches Fundgebiet liegt im oberösterreichischen Ennstal, südlich der Stadt Steyr.
Aus der hügeligen Voralpen-Flyschzone ragen in einem weiten Bogen zwischen Ternberg, Laussa und dem Pechgraben klippenartige, aus zellig-porösen Dolomiten und Kalken bestehende Rauhwackefelsen empor. Die teilweise zerklüfteten, bis zu 50 Meter hohen Felsformationen weisen auch einige kleine Höhlen und Abris auf. Die meisten dieser beeindruckenden Felsen werden von den Einheimischen „Mau" (Mauern) genannt. Von West nach Ost stehen der Sonnbichl, die Neidl-, die Wallermauer, die Rebensteiner Mauern, die Langensteiner Wand sowie die Wirts-, die Tischler-, die Bäcker-Hansen- und die Prückler Mauer. An der Schöfftalerhöhe, südwestlich der Prückler Mauer, stehen der Sau- und der Stockzahn, heute beliebte Kletterfelsen. Diese markanten Felsformationen finden sich auf der Liste der Naturdenkmäler des Bezirkes Steyr-Land. Die beschriebene Region liegt in den Gemeindegebieten Garsten, Laussa, Ternberg, Losenstein und Großraming.
Am Fuß dieser oft senkrechten Felswände konnten in den letzten hundert Jahren von verschiedenen Heimatforschern mehrere jungsteinzeitliche Fundplätze ausfindig gemacht werden. Sie liegen zwischen 500 und 800 Meter über dem Meer, fast immer unmittelbar am Fuß der Felswand, wo sich die von weiter oben herabfallenden Funde sammelten.
Wieso die Menschen damals diese exponierten, schwer erreichbaren, oft nur wenige Quadratmeter großen, aber flachen Lagen auf den Felsklippen besiedelten,

ist heute schwer zu begründen. Das Klima dürfte damals etwas milder gewesen sein als heute, weshalb man vielleicht diese Höhenlage als Siedlungsplatz bevorzugte. Eventuell war auch die nebelfreie Zone während der kalten Jahreszeit dafür ausschlaggebend. Ein Grund könnte auch gewesen sein, dass man sich dort vor feindlichen Übergriffen sicherer fühlte. Vielleicht aber waren es nur saisonal genutzte Unterkünfte zur Bewirtschaftung von Sommerweiden oder Jagdstationen. Quellen und Bachläufe sind und waren in der Flyschzone reichlich vorhanden, sodass die Wasserversorgung für Mensch und Tier zu jeder Zeit gesichert war.

Berichte über auffällige Beilfunde aus den angrenzenden Feldern und Wäldern, auch am Übergang zu Niederösterreich, lassen darauf schließen, dass diese markante Gegend von den Menschen der Jungsteinzeit stark begangen oder zumindest saisonal aufgesucht wurde.

Ein weiteres Argument für die Wahl dieser Siedlungsplätze könnten die reichlichen Vorkommen von damals sehr begehrten Rohstoffressourcen gewesen sein. In den anstehenden Jura- und Kreideschichten liegen Hornsteineinlagerungen in guter Qualität. Im Pechgraben und dessen Zubringern sowie in den Ennsschottern sind Serpentinite, Jaspisarten, Hornsteine, Radiolarite und verhüttbare kupferhältige Mineralien (Malachit, Buntkupfererze) zu finden. Im Gebiet des Pechgrabens sind außerdem Steinkohle und Gagat in reichlichen Mengen vorhanden. Diese wurden bis in das 20. Jahrhundert abgebaut. Der für die Keramikfertigung erforderliche Ton findet sich ebenfalls reichlich in den Flyschzonen. Sandstein für Schleif- und Mahlplatten ist im Randgebiet des einstigen Tertiärmeeres am nahegelegenen Damberg vorhanden.

Die steil aufragenden Felsformationen fallen als markante Geländeformationen ins Auge. Es könnte sich neben Siedlungsplätzen eventuell auch um Kultplätze gehandelt haben, die vielleicht regelmäßig zu bestimmten Zeitpunkten oder Jahreszeiten beliebte Treffpunkte für Versammlungen oder Zeremonien waren.

Die Siedlungsplätze befinden sich inmitten eines Beziehungsnetzes zwischen den Flüssen Steyr, Enns, Ybbs (Ois) und Erlauf und liegen gut erreichbar im Hinterland der bekannten, ehemaligen Furten durch die Enns.

Forschungsgeschichte und Funde

Nachdem im Jahr 1893 die Kustodin des Steyrer Heimatmuseums, Marianne Kautsch, an der Wallermauer ein Steinbeil entdeckt hatte, erfuhr sie, dass in der Umgebung bereits früher einzelne Steinbeile gefunden worden waren. Nachgrabungen ergaben eine Anzahl von Artefakten, die dann im Steyrer Heimatmuseum (Innerberger-Stadl) ausgestellt wurden.

In den Jahren 1913, 1916 und 1917 wurden im Auftrag des städtischen Heimatmuseums Steyr erstmals an der Langensteiner Wand von Oberlehrer Alois Dallner Ausgrabungen durchgeführt. Die Ergebnisse dieser Grabungen waren überraschend, denn es wurden an die 60 vollständige und teils gebrochene Steinbeile, elf Äxte, Bohrzapfen, Pfeilspitzen, Klingen, Kratzer und eine größere Anzahl an Werkzeugen aus Horn und Knochen gefunden. Georg Kyrle hat 1918 im Zuge seiner Publikation über jungsteinzeitliche Funde aus dem unteren Flussgebiet der Enns über diese Funde berichtet.
Anfang des 20. Jahrhunderts wurden auch bei der Prückler Mauer und beim Sauzahn Steinbeile gefunden, die dem Pfarrer Aschauer aus Laussa übergeben wurden. Verschiedene Heimatforscher und an der Materie Interessierte sind ebenfalls in dieser Region fündig geworden. 1935 führte David Mitterkalkgruber auf dem von Dallner an der Langensteiner Wand freigelegten Areal Nachgrabungen

Langensteiner Wand

durch. Alte Bauern berichten, dass sie im jugendlichen Alter gerne „Stoahackln" aus feinkörnigem Felsgestein zum Zerklopfen der Schollen verwendeten.
Nach dem Zweiten Weltkrieg in den Jahren 1949 bis 1962 hat David Mitterkalkgruber mit Genehmigung des Oberösterreichischen Landesmuseums an verschiedenen Stellen der Rebensteiner Mauern, der Langensteiner Wand und der Prückler Mauer Untersuchungen und Grabungen vorgenommen. In Jahrbüchern des Oberösterreichischen Musealvereins hat er über seine Funde und Einschätzungen berichtet. Zusammengefasst wurden seine Forschungsarbeiten im Buch „Die Jungsteinzeit im oberösterreichischen Ennstal und ihre Stellung im Ostalpenraum". Die Funde sind heute in Privatbesitz, liegen in den Depots des Oberösterreichischen Landesmuseums, im Stadtmuseum Steyr, im mittlerweile geschlossenen Ennsmuseum in Kastenreith bei Weyer und im Bergbaumuseum Unterlaussa.
Ab 1972 hat dann Helmut Lausecker, damals wohnhaft in Steyr, die Forschungsaktivitäten am Unterlauf der Enns weitergeführt. Neben den ehemaligen Höhensiedlungen südlich von Steyr gehörten für Lausecker auch die fruchtbaren Landstriche nördlich von Steyr, beidseitig der Enns, zu seinen bevorzugten Erkundungsregionen. Ein Teil seiner gut dokumentierten Sammlung wurde 2021 im Zuge einer Schenkung an das Geschichtliche Museum St. Valentin übergeben. Lausecker hat von Beginn an auf einen möglichst umfassenden Kulturquerschnitt der Artefakte geachtet und wesentliche Funde an das Bundesdenkmalamt gemeldet. Im Anwesen des Prücklergutes ist ein Schaukasten zu besichtigen, der von Lausecker mit Funden vom Fuß der Prückler Mauer bestückt worden ist.
Die von den Heimatforschern David Mitterkalkgruber und Helmut Lausecker in jahrelanger, mühevoller Kleinarbeit sichergestellten jungsteinzeitlichen Funde belegen, dass die Rauhwackenlinie und ihre unmittelbare Umgebung über viele Jahrhunderte besiedelt war. Auf Basis der Verzierungsmuster und Formgebung der Keramikfunde konnten mehrere archäologische Kulturen der Jungsteinzeit belegt werden. Beginnend mit der Keramik aus der Zeit des späten Epilengyels über die Mondsee- und Badener Kultur bis zur endneolithischen Chamer Kultur ist eine vielleicht sogar mehr als eintausend Jahre dauernde Besiedelung mancher Fundplätze während der Jungsteinzeit nachgewiesen.
Aus dem Erdreich vom Fuß der Wände konnten neben verschiedenen Keramiküberresten, vielen Steinbeilen und deren Fragmenten eine große Anzahl kleinformatiger retuschierter Pfeilspitzen und Bohrer aus meist grauem Hornstein geborgen werden. Besonders Hunderte kleine und kleinste, kunstvoll retuschierte Bohrspitzen in Millimeter- bis Zentimetergröße fallen ins Auge. Vermutlich Tausende kleinste Retuschenabdrücke wurden im Abraummaterial, bei Gartenarbeiten und in Maulwurfshügeln entdeckt.
Die große Anzahl kleiner Bohrer belegt, dass in den Höhensiedlungen auch viel Zeit in die Fertigung von Schmuckgegenständen investiert wurde. Kleine

Kalkstein- und Gagatstücke wurden mit diesen winzigen Silexbohrern durchlocht und dann zu zierlichen Perlen geschliffen und poliert. Die von diesen Fundstellen vorliegenden, oft scheibenförmigen gelochten weißen Steinperlen mit einem durchschnittlichen Durchmesser von einigen Millimetern wurden vielleicht gemeinsam mit gleichgroßen Gagatscheibchen getragen. Wie man ja auch an der Mondsee-Keramik sieht, dürften Schwarz-Weiß-Kontraste beliebt gewesen sein. Attraktiv sind auch die knöchernen Schmuckanhänger dieser Fundplätze, wie durchbohrte Tierzähne, unter anderem von Raubtieren. Sie zeugen von einer Vorliebe für Schmuck in dieser Zeit und sollten vielleicht auch die Kraft, den Mut oder die Schnelligkeit der Tiere auf ihren Träger oder ihre Trägerin übertragen oder zumindest das Jagdgeschick beweisen. Vorkommen von Ocker- und Rötelknollen im Siedlungsschutt zeigen weitere Ressourcen auf.

Kleine Kupferobjekte wie Röllchen, Spiralen, Nadeln und Messerchen weisen auf eine erste Metallproduktion hin. Vorgefundene Kupferperlen und Fragmente von Gusslöffeln begründen diese Vermutung. Der besonders hohe Anteil an Wildresten unter den Tierknochen lässt auf rege Jagdaktivitäten schließen. Werkzeuge aus Knochen und Horn wie etwa Knochenpfriemen, Spatel und Beile befinden sich ebenfalls im Fundgut. Bei einem gezähnten Knochengerät könnte es sich um ein Fragment eines Kammes zum Bearbeiten beziehungsweise Hecheln von Flachsfasern handeln.

Viele Fundflächen sind heute durch neuzeitliche Eingriffe wie Sprengungen, Rodungen, Quellfassungen oder Teichanlagen verändert oder zerstört. Teile der Rebensteiner Mauern wurden vor etwa einhundert Jahren für eine befahrbare Nord-Süd-Verbindung abgetragen. Einzelne Steinbrüche dienten zur Beschaffung von Baumaterial. An der Langensteiner Wand (einst gab es dort das „Gasthaus zur Fundstelle") wurde von 1939 bis 1945 ein Barackenlager des Reichsarbeitsdienstes errichtet, wodurch prähistorische Kulturschichten zerstört wurden. Die zu Tage

Mondseekeramik von der Prückler Mauer

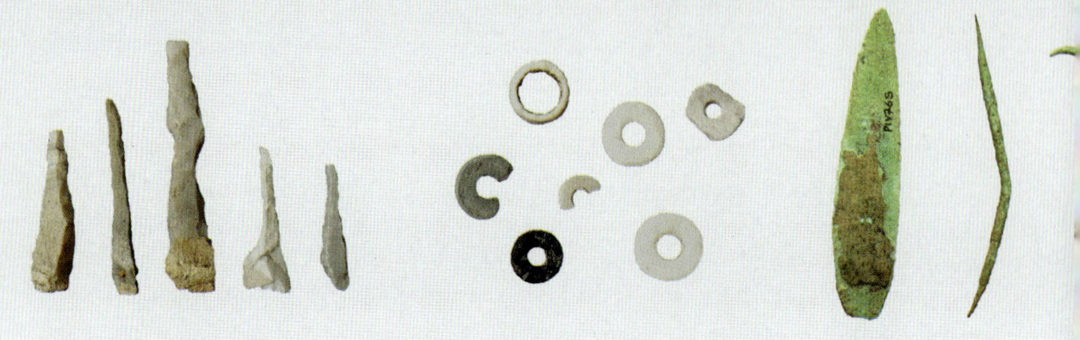

links: Winzige Hornsteinbohrer; Kalkstein- und Gagatperlen; Artefakte aus Kupfer
unten: Schmuck aus gelochten Tierzähnen

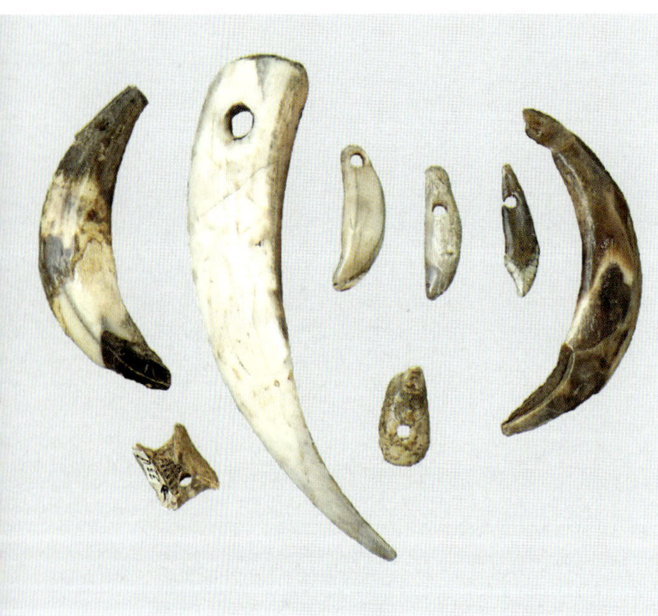

gekommenen Fundstücke wurden zwar damals sichergestellt, sie sind aber seit Kriegsende verschollen. Heute befindet sich dort das Kletterkompetenzzentrum Camp Sibley. In den 1990er-Jahren bedeckte ein Felssturz das ehemalige Dallner-Grabungsgelände. Verschiedene unbefugte Raubgräber und Sammler haben in dieser Gegend viele Funde geborgen, diese aber nie einer wissenschaftlichen Bearbeitung zugeführt.

Bei gemeinsamen Begehungen mit Helmut Lausecker suchten wir im Herbst 2018 die genannten Fundstellen dieser Region

v. l. n. r.: Knochengeräte; rechts vermutlich das Fragment eines Hechelkammes

auf. Seine fundplatzspezifischen und fachlichen Informationen sowie Abbildungen besonderer Artefakte aus seiner Sammlung sind in diesen Beitrag eingeflossen. Eine gut vergleichbare spätneolithische Höhensiedlung liegt im nahen niederösterreichischen Mostviertel auf dem Gemeindegebiet von Ertl. Jakob Maurer vom Zentrum für Museale Sammlungswissenschaften der Universität für Weiterbildung Krems hat dort mit Studierenden in zwei Grabungskampagnen aus einem Schuttkegel vom Fuß der Schweighofer Mauer zahlreiche Einzelobjekte geborgen und die Forschungsergebnisse in verschiedenen Berichten veröffentlicht.

Jungsteinzeitliche Seeufersiedlungen

Ein extrem kalter und trockener Winter führte 1853/54 in der Schweiz dazu, dass die Wasserspiegel der Seen besonders niedrig waren. Dieses Niedrigwasser war die Ursache, dass man in der Ortschaft Obermeilen am Zürichsee im Zuge von Landgewinnungsmaßnahmen erstmals auf in den Seegrund getriebene Holzpfähle stieß. Die zahlreichen Funde, die man im Schlamm entdeckte, wurden als prähistorisch erkannt, und der Schweizer Altertumsforscher Ferdinand Keller prägte den Begriff Pfahlbauten. Innerhalb kürzester Zeit wurden in der Schweiz weitere Reste prähistorischer Seeufersiedlungen entdeckt. Finanzkräftige Altertumssammler lösten in der Folge ein wahres „Pfahlbaufieber" aus und so mancher Fischer tauschte seine Netze gegen Scharrschaufeln und Zangen.
Heute wissen wir, dass in vielen Ländern Europas in urgeschichtlicher Zeit an Seeufern und in Feuchtgebieten Siedlungen auf Holzpfählen errichtet waren. Dieser Siedlungstyp wurde in verschiedenen Kulturepochen praktiziert und reicht von der mittleren Jungsteinzeit (spätes 5. Jahrtausend v. Chr.) bis in die Eisenzeit. Die erste Pfahlbausiedlung Oberösterreichs wurde 1870 bei Seewalchen am Attersee, unmittelbar am Austritt der Ager, durch Ladislaus Gundaker Graf Wurmbrand-Stuppach nachgewiesen. In den folgenden Jahren wurden weitere ehemalige Pfahlbausiedlungen am Attersee und Mondsee entdeckt. Es gibt Hinweise, dass auch im Traunsee Reste von Pfahlbausiedlungen existieren. Genauere Untersuchungen werden derzeit unter anderem vom Kuratorium Pfahlbauten und vom Land Oberösterreich durchgeführt.
Im oberösterreichischen Seengebiet sind gegenwärtig mehr als 20 Pfahlbausiedlungen aus dem Neolithikum und der Bronzezeit bekannt. Die Wasserstände dürften während ihrer Besiedelung niedriger gewesen sein, sodass ein Großteil der Pfahlbaudörfer seinerzeit im seichten Wasser und im Uferbereich stand.
Wieso Menschen damals diese Siedlungsform wählten, ist nicht ganz klar. Es könnten Sicherheitsüberlegungen wie Schutz vor Feinden, Raubtieren und Überflutung oder auch ein starker Bezug zu Wasser und Fischfang gewesen sein, die

diese exponierten Siedlungslagen begründen. Außerdem dürften die Siedlungen an den Seen durch die Verwendung von Einbäumen verkehrstechnisch gut vernetzt gewesen sein, was für Kommunikation und Tauschhandel sicher förderlich war. Ackerbau und Viehzucht mussten zwar am festen Land betrieben werden, aber die vielleicht mit Palisaden geschützten und vom Festland möglicherweise nur über einen Holzsteg erreichbaren Siedlungen boten doch einen gewissen Schutz vor feindlichen Nachbarn und Wildtieren.

In den 1870er-Jahren wurden vom Fabrikanten und Prähistoriker Matthäus Much aus verschiedenen Seeufersiedlungen des Mondsees bedeutende Mengen an Hinterlassenschaften der ehemaligen Pfahlbausiedler geborgen. In Zusammenarbeit mit Moritz Hoernes stellte Much diese Funde in ein regionales Spätneolithikum, was zu dem archäologischen Begriff „Mondseekultur“ führte. Charakteristisch für die Mondseekultur ist die mit Linienbändern, stehenden Dreiecken, Punktreihen, konzentrischen Kreisen oder „Sonnenmustern“ verzierte Keramik. Die tief eingestochenen Muster sind oft mit Kalkpaste inkrustiert. Typisch sind auch Henkelkrüge. An Schmuck trugen die Mondseeleute Steinperlen und Knochenscheiben in unterschiedlichen Formen und Größen sowie durchlochte Tierzähne und Muschelanhänger. Kupfergegenstände wie Flachbeile, Griffplattendolche und kleine Messerklingen gehörten ebenfalls zum Inventar der Mondseekultur.

Die Begeisterung für diese im Alpenraum etablierte Kultur führte so weit, dass Anfang des 20. Jahrhunderts in Kammer am Attersee eine rekonstruierte Pfahlbausiedlung errichtet wurde. 1922 diente dieses Museumsdorf als Kulisse für den Film „Sterbende Völker“ und wurde drehbuchgemäß niedergebrannt.

Erst in den 1960er-Jahren erfolgte durch Kurt Willvonseder eine genaue Bestandsaufnahme des umfangreichen aus den Seen geborgenen Materials. Erste unterwasserarchäologische Inventarisierungen, Vermessungen und kleinere Sondagen wurden in den 1970er- und 1980er- Jahren von Johann Offenberger vom Österreichischen Bundesdenkmalamt in Zusammenarbeit mit Sporttaucherinnen und Sporttauchern durchgeführt. Weitere Forschungsaktivitäten folgten ab 1989 durch das von Elisabeth Ruttkay geleitete „Pfahlbauprojekt“.

Unter der Bezeichnung „Prähistorische Pfahlbauten um die Alpen“ wurden 2011 aus den etwa 1 000 bekannten Fundstellen 111 prähistorische Pfahlbauten in der Schweiz, in Deutschland, Österreich, Italien, Frankreich und Slowenien ausgewählt und unter den Schutz der UNESCO gestellt. Die Aufnahme von vier Pfahlbaustationen des Salzkammergutes in die UNESCO-Welterbeliste weist auf die hohe kulturhistorische Bedeutung dieser prähistorischen Stätten hin.

In Vorbereitung der Oberösterreichschen Landesausstellung zum Thema Pfahlbauten wurde 2015 das für mehrere Jahre anberaumte Forschungsprojekt „Zeitensprung“ gestartet. Das vom Oberösterreichischen Landesmuseum und dem Kuratorium Pfahlbauten betriebene Projekt befasst sich mit der eingehenden

Untersuchung bekannter Seeufersiedlungen am Attersee und Mondsee. Ziel ist es, mit modernsten wissenschaftlichen Methoden neue Erkenntnisse zu gewinnen. Unter Einbindung verschiedener Forschungseinrichtungen und Disziplinen sollen Themen wie Dorfstruktur, Umwelt und historische Abfolge genauer untersucht werden.

2013 wurden in den sogenannten Pfahlbaugemeinden Attersee, Mondsee und Seewalchen an den Uferpromenaden Pavillons errichtet. Als gemeinsame Initiative der Gemeinden mit dem Kuratorium Pfahlbauten und den Tourismusverbänden bieten sie erste Einblicke in die Pfahlbauthematik der jeweiligen Fundorte. Häufig sind sie Ausgangspunkte von Vermittlungsprogrammen der Pfahlbau- und Heimatvereine. Museales Zentrum der Pfahlbau-Region ist das Österreichische Pfahlbaumuseum in Mondsee.

Durch das sauerstoffarme Milieu im Wasser und unter Seesedimenten oder in Mooren sind die Reste der Seeufersiedlungen besonders gut erhalten. Ehemalige Pfahlbausiedlungen sind wahre Fundgruben einzigartiger Hinterlassenschaften aus der Jungsteinzeit und der Bronzezeit. Aus vielen Unterwasserprospektionen kennen wir sehr gut erhalten gebliebene Werkzeuge, Waffen, Tongeschirr und Schmuck aus Stein, Knochen oder Metall. Vor allem organische Materialien wie pflanzliche Reste, Textilien oder Holz, die in Trockenbodenfundstellen längst vergangen wären, geben besondere Einblicke in das Leben der frühen Bauern und Handwerker. Mit der Dendrochronologie können Holzreste genau datiert werden, was wiederum Einblicke in die räumliche und zeitliche Entwicklung der prähistorischen Dörfer ermöglicht.

Pfahlbau Pavillon Attersee

Im ersten Forschungsjahr des Projektes „Zeitensprung" wurde im Attersee, in der Station Seewalchen I/II eine Unterwassergrabung durchgeführt. Von dieser 1870 entdeckten Fundstelle sind bedeutende Altfunde aus der Jungsteinzeit und Bronzezeit bekannt. Die Reste der Pfahlbausiedlung Seewalchen I/II erstrecken sich auch in den Bereich des heutigen Strandbades von Seewalchen. Das Hauptaugenmerk der Grabung 2015 wurde auf die 1957 für das Turmspringen ausgehobene tiefe Grube gerichtet. In einer vierwöchigen Kampagne wurden eine Seitenwand der Grube dokumentiert und Material für verschiedene naturwissenschaftliche Untersuchungen geborgen. Es konnten Kulturschichten einer Pfahlbausiedlung festgestellt werden. Ihre Hauptphase datiert in die Zeit um 3600 v. Chr., wenngleich es auch noch jüngere Spuren gibt sowie einen älteren Pfahl, der die Anwesenheit von Menschen im Mesolithikum belegt. Die typologische Alterseinschätzung der geborgenen Funde – darunter Keramik der Mondseegruppe, Steinperlen und Pfeilspitzen – passt gut zu den Radiokarbondatierungen. Untersuchungen der stehenden Pfähle und liegenden Hölzer haben ergeben, dass hauptsächlich Pappel, Esche, Weide, gefolgt von Erle, Buche und Nadelhölzern, verwendet wurden. Makrorestanalysen belegten das Vorkommen von Einkorn, Emmer, Gerste, Flachs, Schlafmohn, Wildäpfeln, Brombeeren, Himbeeren, Erdbeeren und Blasenkirschen im Sediment. Die unterste Kulturschicht enthielt Material aus verschiedenen Zeitperioden. Eine Sicherung der Grubenwände wurde durch das Anbringen einer Verschalung im Jahr 2018 von der Gemeinde Seewalchen durchgeführt.

In den Jahren 2016 und 2017 haben sich die Unterwasseraktivitäten auf die Station Weyregg II im Attersee konzentriert. Auf einer Grabungsfläche von 12 Quadratmetern wurde versucht, eine hochauflösende Stratigrafie sowie typochronologische Informationen zu erarbeiten. Es sind zwei Hauptbesiedlungsphasen vorhanden, die wahrscheinlich auf 3700 bis 3600 v. Chr. datieren. Sie passen gut zu

links: Bastschnüre
darunter: Mondseekrug; Zweizinkiges Knochengerät aus dem Mondsee; Erntesichel

Unterwasserarchäologie, Forschungsgrabung, Weyregg 2017

den mondseetypischen Funden. Einzelne Artefakte stammen aus der Bronzezeit. Naturwissenschaftliche Untersuchungen erbrachten ein ähnliches Holzartenspektrum wie Seewalchen I. Neben den üblichen organischen Funden wie Knochen, Zähnen, Holz und Pflanzen hat man in Weyregg II auch sehr fragile Artefakte wie Bastschnüre, Bastgeflechte und ein kleines Textilfragment bergen können. An Schmuckstücken wurden durchlochte Kalksteinperlen und ein an der Wurzel durchlochter Tierzahn gefunden. Aus der Grabung und aus älteren Fundsammlungen stammen auch ein stark abgearbeiteter Silexdolch mit abgebrochener Spitze, 13 Steinbeile, fünf Pfeilspitzen und mehrere Markasitbruchstücke, die zum Feuermachen dienten. Bei den keramischen Funden sind die sehr gut erhaltenen typischen Mondsee-Krüge sowie zwei Gusslöffelstücke besonders erwähnenswert.

Die in der Bucht von Mooswinkel im Mondsee gelegene Seeufersiedlung war in den Jahren 2018 und 2019 Ziel der Untersuchungen. In der mächtigen Fundschicht wurden ein Grabungsschnitt angelegt und verschiedene Proben für naturwissenschaftliche Untersuchungen entnommen. ^{14}C-Datierungen ergaben Besiedelungsphasen im Zeitraum zwischen 3700 und 3400 v. Chr. Im Gegensatz zu den Attersee-Grabungserkenntnissen konnten in Mooswinkel wesentlich öfter Fichte und Tanne als Baumaterial nachgewiesen werden. Neben Keramikfragmenten der Mondsee-Gruppe wurden ein vollständig erhaltenes Hängegefäß und eine Silexpfeilspitze geborgen. Seilfragmente, die wahrscheinlich beim Hausbau eingesetzt wurden sowie Reste von Textilien konnten ebenfalls aus der Kulturschicht entnommen werden. Aufgrund der besonders guten Erhaltungsbedingungen haben

Heutige Pfahlbausiedlung am Inle-See in Myanmar

sich auch Fischschuppen, Fischwirbel und kleinste Knöchelchen von Frosch- und Krötenschenkeln erhalten. Die besonders genaue Untersuchung des abgesaugten Materials erbrachte über 100 Fischschuppen von verschiedenen Fischarten. Fische dürften damals ein fixer Bestandteil der Nahrung gewesen sein.
Wie die Mondseeleute mit ihren Toten umgingen, ist nicht bekannt. Wir kennen aus dieser Kulturstufe weder Bestattungen noch deponierten Leichenbrand. Nur hin und wieder sind einzelne menschliche Knochen zu finden. Dass sie ihre Toten im See bestattet haben könnten, ist eine verbreitete Vermutung, nachweisbar ist sie aber nicht.

Urgeschichtliche Siedlungsreste auf dem Paurahügel an der Traun

Der langgestreckte Paurahügel liegt in einer Mäanderschlinge am rechten Ufer der Traun, auf dem Gemeindegebiet von Stadl-Paura. Die Dreifaltigkeitskirche, ein Barockbau aus dem Anfang des 18. Jahrhunderts, steht am östlichen Ende des markanten Geländesporns auf einer Seehöhe von 357 Metern. Am Kniepunkt der Flussschlinge mündet die Ager, von Nordwesten kommend, in die Traun.
Bereits um 1920 wurde auf dem Plateau eine kleine Versuchsgrabung unternommen, die, so wird berichtet, nur neuzeitliches Mauerwerk ans Tageslicht brachte. In den Sommermonaten der Jahre 1956 bis 1958 führte dann Eduard Beninger auf dem Westplateau des Paurahügels Ausgrabungen durch.
Die Böschungen um das Westplateau wurden von Beninger und seinem Team mit dem Anlegen von mehreren Schnitten erforscht. Man stieß auf Reste von Geröllmauern, Aufschüttungen und Steinsetzungen, die mutmaßlich von einer

prähistorischen Befestigungsanlage stammten. Auf der Ebene des Westplateaus wurden zehn rechteckige Grabungsschnitte, die zusammen eine Fläche von etwa 250 bis 300 Quadratmeter ergaben, geöffnet. Mit dieser Grabung hat man etwa ein Viertel des Areals am Westplateau untersucht. In diesem Bereich konnten mit der durchgeführten Schichtengrabung mehrere Kulturhorizonte festgestellt werden. Als jüngstem Besiedelungsnachweis stieß man zuerst auf Spuren einer mittelalterlichen Anlage aus dem 12. Jahrhundert. Der mittelalterliche Mörtelstrich lag unmittelbar auf einem Lehmpaket, in dem weitere Siedlungshorizonte mit verschiedenen urgeschichtlichen Bodenfunden lagen. Die unter dem Mörtelstrich liegende Siedlungsschicht bestand hauptsächlich aus braunem, sandigem Lehm und lag laut Ausgräber großteils auf einer künstlich angelegten, einlagigen Pflasterung aus Geröllsteinen. Unter der Steinpflasterung folgte eine fundreiche, etwa 40 Zentimeter starke Schicht aus dunklem Lehm. Der unterste Begehungshorizont bestand aus sandig-tonigem Lehm, Verwitterungslehm und Geröll. Diese Schicht lag auf dem anstehenden Niederterrassenschotter und erbrachte relativ wenige Fundstücke. Eine genaue Abgrenzung von Kulturschichten war aufgrund unterschiedlicher Verfärbungen und Bodenzusammensetzungen schwer möglich. Weiters spricht Beninger von teilweiser Vermischung von Material unterschiedlicher Kulturen. Die relative Abfolge der Funde lassen aber eine chronologische Folge der Besiedelung erkennen.

Die Auswertung der vorgefundenen Artefakte und Keramikreste ergibt, dass diese markante Anhöhe über der Traun durch mehrere Jahrtausende vom Mittelneolithikum bis zur frühen Bronzezeit kontinuierlich besiedelt war. Keramikfragmente mit feinen Furchenstichlinien, die winkelig aufeinanderstoßen, weisen in die Münchshöfener Kultur, deren Menschen schon vor mehr als 6000 Jahren auf der Paura siedelten. Einige Keramikteile aus der untersten Schicht können der Lengyel-Kultur zugewiesen werden. Ein Großteil der Funde aus der dunkleren, mittleren Lehmschicht – Keramikteile mit Ornamentmustern, typische Henkelkrümmungen, durchlochte Tierzähne, Silexpfeilspitzen und ein Angelhaken aus Kupfer – gehören zur Mondseekultur. Die spätneolithische Chamer Kultur ist in den oberen Schichten mit kerbleistenverzierter Keramik vertreten. Mauerzüge und Steinsetzungen an den Abhängen des Plateaus sowie den Spitzgraben am Südrand des Plateaus datiert Beninger in die frühe Bronzezeit. Über den Resten der neolithischen Siedlungen dürfte eine frühbronzezeitliche Befestigungsanlage bestanden haben.

Die strategisch gut positionierten urgeschichtlichen Siedlungen auf dem Paurahügel könnten nach Beninger auch eine Überwachungsfunktion des Handelsweges auf der Traun ausgeübt haben. Neolithische Funde aus Hallstatt lassen vermuten, dass die Anfänge der Salzgewinnung dieses berühmten Salzbergwerkes in der Jungsteinzeit liegen. Salz könnte nach Beningers Vermutung, so wie für spätere Jahrtausende

links: Geweihhacke;
rechts: Durchlochter Bärenzahn

nachgewiesen, schon in neolithischer Zeit am Wasserweg über den Traunsee und der Traun in den Zentralraum zur weiteren Verteilung transportiert worden sein. Das Hindernis Traunfall müsste allerdings auf dem Landweg überwunden worden sein. Beninger meint auch, dass der Kupferhandel seinen Weg, ausgehend von den ostalpinen Bergbaugebieten, über Mond- und Attersee zur Traun und weiter zur Donau genommen habe. Sichere Nachweise für diese Theorien erbrachte er aber nicht. Eduard Beninger hat die Ergebnisse seiner Grabung auf der Paura im Buch „Die Paura an der Traun" aus 1961 festgehalten. Die Paura-Funde liegen heute im Depot des Tempus-Museums von Bad Wimsbach-Neydharting.

Neolithische Funde aus dem Innviertel

Der Inn bildet auf einer Länge von etwa 50 Kilometern die natürliche Grenze zwischen dem Innviertel und Bayern. Die mit Löss bedeckten Hochterrassen an den Innufern boten bereits während des Neolithikums günstige Lebensbedingungen. Das fruchtbare Ackerland der Bezirke Schärding, Ried im Innkreis und Braunau gab in der Neuzeit immer wieder Hinterlassenschaften früher Ackerbauern und Viehzüchter frei. Aufmerksame Landwirte, ausdauernde Heimatforscher und Sammler konnten in den letzten Jahrzehnten von manchen Feldoberflächen zwischen Wernstein und Altheim beeindruckende Funde bergen und beachtliche Privatsammlungen aufbauen. In den Museen von Braunau und Schärding sowie im Depot des Landesmuseums in Linz/Leonding liegen sehenswerte neolithische Funde aus dem Innviertel.

Ein Pionier in Sachen Feldbegehungen im Innviertel ist der Heimatforscher Wilhelm Rager aus Schärding. Als er 1980 im Aushubmaterial für die Fundamente seiner Garage eisenzeitliche Keramikscherben entdeckte, erwachte sein Interesse an der Geschichte seiner Heimat. Er begann, seine nähere Umgebung nach ur- und frühgeschichtlichen Spuren zu untersuchen. Bei systematischen Feldbegehungen konnte Rager in den letzten 40 Jahren mehrere Reste römischer Landhäuser

(*Villae rusticae*) und an die 100 urgeschichtlichen Siedlungsplätze ausfindig machen. Bemerkenswert ist auch seine Entdeckung eines ehemaligen Aufenthaltsortes mesolithischer Jäger und Sammler an der Pram. Seine Sammlung umfasst heute etwa 20 000 Artefakte aus verschiedenen Epochen der Geschichte. Nach Einschätzung der Steinzeitexpertin Christine Neugebauer-Maresch befinden sich in Ragers Sammlung auch einzelne Steingeräte, die aus vormesolithischen Perioden stammen könnten. Die Mehrheit seiner Fundstücke sind aber Hinterlassenschaften aus der Jungsteinzeit.

Eine ganz besondere Entdeckung glückte Wilhelm Rager 1999 aus der Luft. Aus einem Motorflugzeug konnte er auf der Flur Katzenberg, Gemeinde Kirchdorf am Inn, die Umrisse einer urgeschichtlichen Siedlungsbefestigung fotografisch festhalten. Es handelt sich um ein doppeltes, an die Kante der Hochterrasse des Inn angrenzendes quadratisches Grabenwerk, dessen Umrisse zu diesem Zeitpunkt wegen des unterschiedlichen Bewuchses sichtbar waren. Aufgrund der Lage und des Grundrisses dürfte es sich um eine ehemalige Siedlungsanlage der Altheimer Kultur handeln. Derartige Wall-Graben-Anlagen dienten wahrscheinlich zum Schutz der Siedlung und wurden meist an Terrassen- oder Hangkanten errichtet. Sie hatten bis zu drei Gräben und grenzten ein quadratisches, rechteckiges oder trapezförmiges Areal ab. Oberflächenaufsammlungen von diesem Feld, wie zum Beispiel ein nahezu quadratisches, gepicktes Flachbeil, Silexgeräte und unverzierte Keramik zeigen typische Merkmale der Altheimer Gruppe und bestärken die vermutete Kulturzuweisung. Das Hauptverbreitungsgebiet der Altheimer Kultur befand sich zwar im angrenzenden Niederbayern und der südlichen Oberpfalz, sie ist aber in Oberösterreich mehrmals nachgewiesen. Das vermutete Grabenwerk der Altheimer Leute von Katzenberg dürfte etwa 3 500 v. Chr. errichtet worden sein. Eine archäologisch-wissenschaftliche Sondierung oder Grabung wurde an dieser für Österreich einzigartigen Fundstelle bisher nicht vorgenommen.

Die wichtigsten und für die Wissenschaft interessanten Funde Ragers sind in den Fundberichten des Bundesdenkmalamtes veröffentlicht.

Seit etwa 20 Jahren durchstreift auch der Rieder Bernhard Birn, soweit es die Felder zulassen und die Scholle gut vom Regen ausgewaschen ist, systematisch verschiedene urgeschichtliche Verdachtsflächen des Innviertels. Seine Sammlung umfasst die gesamte Palette jungsteinzeitlicher Gerätschaft aus Stein

Luftbildaufnahme der Altheimer Siedlung bei Katzenberg

sowie eine große Anzahl an Keramikteilen. Ein besonders rares Fundstück seiner Sammlung ist eine lange Dolchklinge aus Arnhofener Plattensilex. Die Dolchklinge ist beidseitig retuschiert und verfügt über einen sehr gut herausgearbeiteten Schäftungsteil, der ursprünglich höchstwahrscheinlich mit Birkenpech in einen Holzgriff eingeklebt war. Bernhard Birn hat dieses Prunkstück in Kirchdorf am Inn gefunden. Der Fund eines derart seltenen und unbeschädigten Artefaktes motiviert natürlich zu weiteren Sammel- und Forschungsaktivitäten.

Ein besonderes Augenmerk richtet Birn bei seinen Feldbegehungen auch auf Keramikreste. Leider sind derartige Funde meist durch Witterungseinflüsse, Chemie und landwirtschaftliche Maschinen auf winzige Scherben reduziert und für eine kulturelle Zuordnung oft unbrauchbar. Von den unzähligen in der Sammlung Birn liegenden Keramikscherben konnten einzelne aufgrund der erkennbaren Verzierungsmuster einer bestimmten jungsteinzeitlichen Kultur zugewiesen werden. So stammt die älteste Keramik aus Kirchdorf am Inn aus der Zeit der Linearbandkeramik. Weitere Kulturstufen aus dem Mittelneolithikum wie Stichbandkeramik, Oberlauterbacher- und Rössener Gruppe sowie Münchshöfener Kultur konnten ebenfalls im Innviertel nachgewiesen werden. Einzelne Keramikscherben aus der Sammlung Rager werden der vor allem weiter im Osten verbreiteten Lengyel-Kultur zugerechnet. Das Spät- und Endneolithikum ist durch die Altheimer-, die Mondsee- und Chamer Kultur vertreten.

Als weiteres Hobby, das mit seiner Sammelleidenschaft und den Forschungsaktivitäten verbunden ist, beschäftigt sich Bernhard Birn mit der Rekonstruktion und dem Nachbau neolithischer Werkzeuge. Seine Repliken finden in der Fachwelt Anerkennung und werden auch in Ausstellungen präsentiert.

v. l. n. r.: Scheibenkeule von St. Georgen bei Obernberg am Inn, größter Durchmesser 12,5 cm; Rotes Serpentinitbeil von Kirchdorf am Inn, Länge 6,4 cm; Dechsel aus Serpentinit von Kirchdorf am Inn, Länge 7 cm; Netzsenker

Ein weiterer zielstrebiger und engagierter Heimatforscher dieser Gegend ist Wilhelm Mahler aus Ort im Innkreis. In seiner Sammlung liegen ebenfalls Zeugnisse der Jungsteinzeit wie Beile, Keramikscherben, Erntemessereinsätze. Ein abgerundetes Gagatbruchstück mit Lochung dürfte das Fragment eines ehemaligen Schmuckstückes sein. Belege für die steinzeitliche Stellnetz-Fischerei am Inn liegen in Form von eingekerbten Flusssteinen, die als Netzsenker dienten, in seiner Sammlung. Die Steingewichte wurden an der Unterleine der Netze befestigt, um diese am Grund zu fixieren. Die Gewichte dienten dazu, die Stellnetze im Zusammenspiel mit den Netzschwimmern aus Holz oder Rinde möglichst senkrecht im strömungsarmen Wasser zu halten.

Dolch aus Arnhofener Plattenhornstein von Kirchdorf am Inn, Länge 9,2 cm;

Auf einem unscheinbaren Hüttenlehmstück, das Mahler auf dem Gemeindegebiet von Reichersberg gefunden hat, sind etliche Abdrücke von Pflanzenresten erhalten geblieben. Die Beimengung (Magerung) von Getreidedrusch oder Stroh verringerte die Lehmmasse und beugte der Rissbildung beim Trocknungsprozess vor. Von der Archäobotanikerin Marianne Kohler-Schneider konnten Spelzreste von Gerste, Spreuteilchen von Spelzweizen, Strohhalmfragmente und Abdrücke von Getreidekörnern nachgewiesen werden.

Mahler hat seine Funde exakt bestimmt und führt genaue Aufzeichnungen über Parzellennummern, Fundumstände und Besonderheiten. Wichtige Funde sind an das Bundesdenkmalamt gemeldet.

In einer Vitrine der Volksschule St. Georgen bei Obernberg am Inn liegen verschiedene jungsteinzeitliche Geräte, die aus der Umgebung des Ortes stammen. Ein besonders seltenes und gut erhaltenes Artefakt aus diesem Ensemble ist eine Scheibenkeule aus Amphibolitschiefer. Dieses Gerät besitzt eine fast kreisrund geschliffene Schneide. Scheibenkeulen waren an einem Stiel geschäftet und werden von der Wissenschaft den Waffen zugeordnet. Vielleicht hatten diese Geräte auch einen gewissen Stellenwert als Statussymbol.

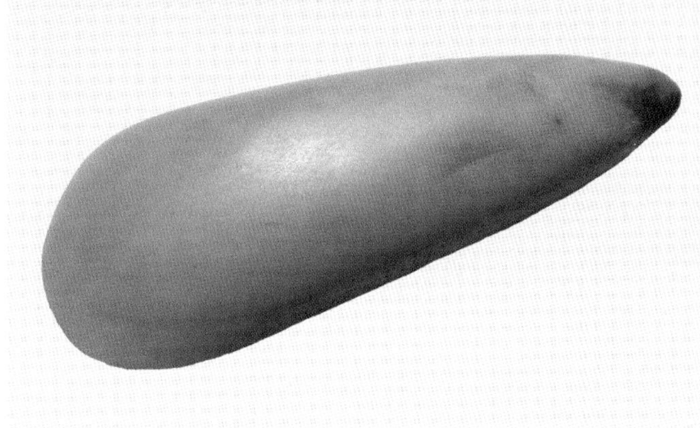

oben: *Jadeitbeil von Wernstein, Länge 11,5 cm; linke Seite: Bei der Knaufhammeraxt von St. Georgen bei Obernberg am Inn handelt es sich um eine repräsentative Waffe oder ein Statussymbol, Länge 17,8 cm*

Im Depot des Oberösterreichischen Landesmuseums liegt eine sehr große, formvollendete und unbeschädigte Knaufhammeraxt aus St. Georgen bei Obernberg. Dieses besondere Artefakt kann ebenfalls als Streitaxt angesehen werden. Ein besonders seltener Fund aus dem Neolithikum liegt im Depot des Museums Schärding. Das milchig grüne, spitznackige Flachbeil aus Jadeit wurde 1934 in Rutzenberg unweit des Innufers auf dem Gemeindegebiet von Wernstein gefunden. Aus Oberösterreich liegen bisher nur zwei vollständige Beile aus diesem besonders wertvollen Material vor. Das Rohmaterial stammt vom Monte Viso im norditalienischen Piemont. Derartige Objekte aus diesem raren und zähen Mineral wurden möglicherweise zu kultischen Zwecken verwendet und können auch als ehemalige Statussymbole bezeichnet werden. Die höchste Konzentration von Jadeitbeilen kennen wir von der Megalithkultur in der Bretagne. Dort wurden diese elitären Geräte den Toten ins Grab mitgegeben. Die Wissenschaft spricht von sozialen Symbolen.

Die Chamer Kultur an der Schlögener Donauschlinge

Die urgeschichtliche Landkarte des Oberen Mühlviertels wies lange Zeit viele weiße Flecken auf. Man vermutete, dass die Höhenlage und das raue Klima für den prähistorischen Menschen die lebensnotwendigen Rahmenbedingungen nicht bieten konnten. Seit einigen Jahren wissen wir aber, dass auf den Plateaus über dem linken Donauufer des Oberen Mühlviertels sehr wohl bedeutende jungsteinzeitliche Siedlungsplätze lagen.

Zwei engagierten Heimatforschern ist es zu verdanken, dass sich die Region an der Schlögener Schlinge als jungsteinzeitlicher Hotspot entpuppt hat. Gernot Krondorfer und Erwin Lindorfer haben während der letzten 20 Jahre die Feldoberflächen dieser markanten Landschaft bei unzähligen Geländebegehungen gründlich nach urgeschichtlichen Spuren abgesucht. Es ist ihnen dabei gelungen, auf den Höhenrücken nördlich des Naturdenkmales Schlögener Schlinge mehrere jungsteinzeitliche Siedlungsplätze ausfindig zu machen. Die zehn bisher

Schlögener Donau-Schlinge;
rechts oben: Nephritbeil von Niederkappel, Länge 4,7 cm; unten: Zusammengesetzter, reich verzierter Gefäßteil der Chamer Kultur von Niederkappel, Höhe 21 cm

entdeckten Fundflächen liegen auf landwirtschaftlich intensiv bewirtschafteten Feldern in den Gemeindegebieten von Hofkirchen und Niederkappel. Mit den Jahren kamen beachtliche Sammlungen jungsteinzeitlicher Artefakte zusammen. Neben Reibsteinen, Steinbeilen, Silexklingen, Pfeilspitzen und Keramikfragmenten gaben die Felder nördlich der mächtigen Donaumäander auch einzigartige Hinterlassenschaften der Menschen aus der Jungsteinzeit frei. Eine erfolgreiche Ausstellung 2009 in der Bezirkshauptstadt Rohrbach ebnete Gernot Krondorfer dann den Weg zur archäologischen Fachwelt. Erste Grabungen mit Einbindung interessierter Laien wurden organisiert. Viele aufgesammelte und ergrabene Keramikfragmente konnten auf Basis der typischen Verzierungsmuster der endneolithischen Chamer Kultur (3 200 – 2 700 v. Chr.) zugewiesen werden. Charakteristisch für diese Kultur sind ihre mit Einstichen und Kerbleisten verzierten Schüsseln und Töpfe.

Bereits 2004 glückte Krondorfer gemeinsam mit seinem Neffen Jakob bei einer Feldbegehung nahe dem Ort Niederkappel ein ganz besonderer Fund: ein kleines grünes Steinbeil, das aber nicht aus dem häufig verwendeten grünen Serpentinit,

sondern aus einem leuchtend grünen und leicht durchscheinenden Stein gefertigt war. Erst Jahre später konnte ein Team von Wissenschaftlern das Rätsel des verwendeten Materials und dessen Herkunft lösen. Es handelt sich demnach um Nephrit-Jade, einen besonders seltenen, zähen und widerstandsfähigen Schmuckstein. Die wissenschaftlichen Analysen haben ergeben, dass eine sehr große Übereinstimmung mit raren Funden von Nephritgeröll aus dem Geschiebe der Mur besteht. Das Beil oder der Rohling dürften vor etwa 5 000 Jahren im Tauschhandel über die Alpen in das heutige Mühlviertel gelangt sein. Bei diesem Steinbeil handelt es sich vermutlich um ein Luxusobjekt oder Statussymbol. Außerhalb der Steiermark ist bisher kein weiteres jungsteinzeitliches Artefakt aus diesem einzigartigen österreichischen Jade-Vorkommen bekannt geworden. In Polen, der Schweiz und Italien befinden sich ebenso Jade-Rohstoffquellen, aus deren Materialien exklusive Jadebeile gefertigt wurden.

Im Herbst 2014 hat der Grundbesitzer auf der bereits bekannten jungsteinzeitlichen Siedlungsfläche Weikersdorf-Ost in Niederkappel die Pflugrichtung geändert, wodurch die Pflugscharen etwas tiefer ins Erdreich drangen. Diesem Umstand ist zu verdanken, dass nach dem Pflügen an einer Stelle des Feldes eine große Menge Keramikscherben an die Oberfläche kamen. Dank der aufmerksamen Beobachtung von Gernot Krondorfer wurde von diesem unter Einbeziehung des Bundesdenkmalamtes eine Fundbergung eingeleitet. Auf einer Fläche von etwa 2 Quadratmetern konnten Steingeräte, Fragmente von Mahlplatten sowie etwa 1 000 Keramikscherben freigelegt, in ihrer Lage dokumentiert und dem Erdreich entnommen werden. Die hochwertigen Keramikfragmente stammen von mindestens 30 Töpfen, Schüsseln und Gefäßen. Die Funde wurden statistisch und grafisch festgehalten. Auffällig waren die große Vielfalt von Gefäßformen, die gleichzeitig in Verwendung waren, sowie die verschiedenen mit Holzstäbchen und Fingern modellierten Verzierungen. In mühevoller Kleinarbeit konnte Krondorfer viele Fragmente wieder zu ihrer ursprünglichen Gefäßform zusammenfügen und restaurieren. Prunkstück des vollendeten Puzzles ist ein aufwendig mit aufmodellierten Bögen verzierter Gefäßteil, der für die oberösterreichische archäologische Forschung ein Novum darstellt. In dieser Größe und mit dieser aufwendigen Verzierung gibt es in Oberösterreich kein weiteres Stück.

Im Juli 2015 wurde dann von einem Archäologenteam unter der Leitung von Wolfgang Klimesch an dieser Fundstelle eine Nachuntersuchung vorgenommen. Als Befund der archäologischen Grabung stellte sich heraus, dass es sich um den Rest einer Grube der Chamer Kultur handelte. Die ursprüngliche Funktion ist nicht ganz gesichert, wahrscheinlich handelte es sich aber um eine ehemalige Speichergrube für Getreide, die sekundär zur Entsorgung von Abfall genutzt wurde. Der Großteil der Grube wurde aber bereits in den Jahren vor der Notgrabung durch Planierraupe und landwirtschaftliche Maschinen abgetragen und zerstört.

Es war nur mehr die tiefste Stelle der Grube mit etwa 15 Zentimetern *in situ* vorhanden.

Eine Koniferennadel, die ebenfalls im Zuge dieser archäologischen Grabung sichergestellt werden konnte, wurde im Rahmen einer Radiokohlenstoffuntersuchung (^{14}C) bestimmt. Die Untersuchung ergab eine Datierung in den Zeitraum 2900 bis 2700 v. Chr. und weist damit dieses einzigartige Keramikensemble in die Periode der Chamer Kultur. Es handelt sich in Österreich um die größte und qualitätsvollste Entdeckung von Keramik der Chamer Kultur aus einem einzelnen geschlossenen Befund.

In Krondorfers privatem Steinzeitmuseum in Ohnerstorf sind die bedeutendsten Funde der Region ausgestellt und der Öffentlichkeit zugänglich gemacht. Als Mitglied des Kulturvereines Landschaftsschule Donauschlinge vermittelt er in Kursen und Seminaren prähistorisches Wissen an Schulklassen und interessierte Gruppen.

Die sehr umfangreiche Steinzeitkollektion von Erwin Lindorfer aus Hofkirchen im Mühlkreis beinhaltet neben jungpaläolithischen und mesolithischen Steingeräten

Grube bei Niederkappel mit Keramikfragmenten; Klingeneinsatz aus Chalzedon von Niederkappel, Länge 4,7 cm; Rekonstruierte Erntesichel

von Aschach an der Donau auch beeindruckende neolithische Stücke, die er nördlich der Schlögener Schlinge gefunden hat. Ein besonders auffälliges und seltenes neolithisches Artefakt aus seiner Sammlung ist eine Sicheleinsatzklinge aus durchsichtigem Chalzedon. Es handelt sich hier um ein kryptokristallines Quarzgestein mit einer zellenartigen internen Struktur. Das Stück kam auf einem ehemaligen chamerzeitlichen Siedlungsplatz unweit der Ortschaft Lampersdorf in der Gemeinde Niederkappel an die Feldoberfläche. An der Schneidekante weist es den sogenannten Sichelglanz auf, der auf intensiven Kontakt mit pflanzlichem Material hinweist. Sichelglanz entsteht beim Schneiden von kieselsäurehaltigen Gräsern wie Getreide oder Schilf.

Eine besondere neolithische Freilandfundstelle in Altenberg

Etwa zehn Straßenkilometer nördlich vom Linzer Stadtzentrum entfernt befindet sich auf den Ausläufern der Böhmischen Masse eine bemerkenswerte Oberflächenfundstelle des Endneolithikums. Auf dem Gemeindegebiet der Marktgemeinde Altenberg liegt auf ca. 700 Meter Seehöhe der Fundplatz Oberwinkel. Die fundführenden Ackerflächen liegen auf einer leichten Anhöhe und bestehen aus den für das Mühlviertel typischen silikatischen Braunerdeböden. Im Westen begrenzt ein steiler Abhang in den Haselgraben die Fundfläche. In der näheren Umgebung des Fundortes liegen in tieferen Lagen einige kleine Bachläufe.

Bereits 1960 fand ein Grundeigentümer das erste Flachbeil auf seinem Feld. Ab 1984 wurde die Fundstelle dann regelmäßig von Konrad Hofer und seinen Söhnen Othmar und Harald systematisch abgesucht. Sie konnten Keramikteile, Reib- und Klopfsteine, Reibplatten, verschiedene Steingeräte wie Klingen, Schaber, Bohrer, Stichel, Klingenkerne, Beile und Pfeilspitzen aufsammeln. Was aber bei dieser überschaubaren, auf einem Hügel positionierten Fundstelle besonders auffällt, ist die hohe Anzahl der bisher geborgenen Pfeilspitzen und Flachbeile. Bis Mitte 2021 konnten 110 Pfeilspitzen und ca. 190 Flachbeile und Beilfragmente von dieser Ackerfläche aufgelesen werden!

Diese hohe Anzahl gefundener Pfeilspitzen und Flachbeile gibt natürlich Anlass zu verschiedenen Spekulationen über die Funktion dieses markanten Ortes vor etwa 5 000 Jahren.

Nach Aussagen und Dokumentation der Finder lag die stärkste Funddichte am höchsten Punkt des Fundortes und am Westhang. Aus mündlichen Berichten ist bekannt, dass sich früher auf der Hügelspitze verschiedene Felsformationen, darunter auch Schalensteine, befunden haben. Um die gesamte Fläche landwirtschaftlich besser nützen zu können, wurden im letzten Jahrhundert am jetzigen

Angeschliffener Hämatit mit Reibschale – ein neolithisches Schminkset; Auswahl von Pfeilspitzen

Fundplatz größere Eingriffe vorgenommen. Die Granitfelsen wurden in den Nachkriegsjahren gesprengt, entfernt und die Felder neu arrondiert.

Aufgelesen wurden unter anderem auch fünf Rötel-Stücke und eine kleine Reibschale. Rötel (Hämatit) wurde bereits in der Altsteinzeit zur Körperbemalung und für Höhlenmalereien verwendet. Farben spielten im Leben unserer Vorfahren aus der Steinzeit eine wichtige Rolle.

Der überwiegende Teil der Pfeilspitzen von Oberwinkel ist aus Hornstein gefertigt. Das Rohmaterial dürfte aus den Donauschottern und von Lagerstätten, die im heutigen Bayern liegen, stammen. Nach ihrer Beschaffenheit können die Pfeilspitzen mehrheitlich in die Gruppe mit eingezogener Basis gestellt werden.

Besonders auffällig ist der sehr hohe Anteil an kleinen Sillimanitbeilen. Von den 78 kompletten Beilen aus Oberwinkel sind 59 aus diesem besonders harten

Sillimanitbeile

und seltenen Material hergestellt. Im Fundgut liegt neben den unbeschädigten Sillimanitbeilen auch eine hohe Anzahl gebrochener und halbfertiger Beile aus Sillimanit vor. Die Gesamtzahl aller Artefakte aus diesem Material von dieser Fundstelle beläuft sich auf 163 Stück. Von anderen jungsteinzeitlichen Siedlungsplätzen Oberösterreichs kennen wir zwar auch vereinzelt Sillimanitbeile, aber mit dieser hohen Konzentration ist dieser Fundplatz einzigartig. Es wäre denkbar, dass es sich um einen Zentralort für Fertigung und Handel von Rohmaterial und Fertigprodukten aus Sillimanit gehandelt hat.

Sillimanitbeile kennen wir in Europa erstmals aus dem 5. Jahrtausend v. Chr. in Megalithanlagen der Bretagne. Auch von der Iberischen Halbinsel sind frühe Nachweise der Verwendung von Sillimanit belegt. Die Farbenvielfalt, der seidige Glanz und die besondere Härte und Zähigkeit dieses Minerals dürften ausschlaggebend gewesen sein, dass dieser Rohstoff Eingang in die Werkzeugfertigung der jungsteinzeitlichen Menschen gefunden hat. Der Schneideteil der meisten Sillimanitbeile von Oberwinkel ist asymmetrisch beziehungsweise dechselähnlich zugerichtet. Die Beile dürften quergeschäftet hauptsächlich zur Holzbearbeitung gedient haben.

Sillimanit gehört zu den besonders harten Mineralien. Die nächsten bekannten Lagerstätten dieses Gesteins liegen im Bayerischen Wald und im Böhmerwald

wie etwa im Geschiebe der Moldau. In Oberösterreich beziehungsweise im Mühlviertel ist Sillimanit in der gesuchten Qualität noch nicht bekannt, aber aufgrund der geologischen Bedingungen sind brauchbare Sillimanit-Gerölle auch hier in den Gewässern durchaus zu erwarten.
Neben der bereits beschriebenen Häufung von Pfeilspitzen und Sillimanitbeilen beinhaltet die Sammlung Hofer von der Fundstelle Oberwinkel die gesamte Palette einer neolithischen Siedlung. Neben Äxten, Reibplatten, Reib- und Klopfsteinen liegen auch zahlreiche Artefakte aus Silex wie Klingen, Kratzer und Bohrer im Fundgut vor. Eine kulturelle Einordnung der Funde von Oberwinkel ist durch das konsequente und fachkundige Dokumentieren der beteiligten Heimatforscher sichergestellt. Die vorliegenden Keramikreste weisen mit den typischen Kerbleisten und Formstichen in die Chamer Kultur. Knickwandfragmente und die grobe Magerung unterstreichen diese Zuordnung. Auch die dort gefundenen Felssteingeräte, vor allem Rechteckbeile sowie die Silices passen gut zur endneolithischen Chamer Kultur.
Aus dem Gemeindegebiet von Altenberg sind vier weitere, allerdings nicht so fundreiche neolithische Siedlungsplätze bekannt. Konrad Hofer hat einzelne Funde gezeichnet und wichtige Stücke in Katasterpläne eingetragen. Die an das Bundesdenkmalamt gerichteten Fundmeldungen scheinen in den Fundberichten Österreichs von 1984 bis 1991 summarisch auf. Die bis 1994 aufgelesenen Oberflächenfunde von Altenberg wurden von Karina Grömer untersucht und 1995 im Sonderheft 13 der Linzer Archäologischen Forschung publiziert. Die gesamte Sammlung liegt bei Othmar Hofer.

Jungsteinzeit im Gallneukirchner Becken

Eine sehr fruchtbare und vom Klima begünstigte Gegend des Mühlviertels liegt im unteren Gusental und ist Teil des Gallneukirchner Beckens. Eingebettet in die Ausläufer der Böhmischen Masse verläuft der etwa 10 Kilometer lange Talabschnitt von Gallneukirchen in südöstlicher Richtung bis zur Ortschaft Lungitz. Auf dem Gemeindegebiet von Katsdorf trifft die Kleine mit der Großen Gusen zusammen, die dann einige Kilometer weiter südlich in die Donau mündet.
Einzelne paläolithische Steingerätefunde belegen, dass bereits während der letzten Eiszeit Jäger und Sammler durch das Gallneukirchner Becken gestreift sind. Im Gallneukirchner Becken haben verschiedene Kulturen der Jungsteinzeit die Spuren ihrer Zivilisation hinterlassen. Es ist davon auszugehen, dass dieser Landstrich während des gesamten Neolithikums besiedelt war.
Die klimatisch günstigen Bedingungen, der fruchtbare Ackerboden und die sichere Wasserversorgung boten bereits zu Beginn der Jungsteinzeit den frühen

Bauern in dieser Gegend einen attraktiven Lebensraum. In den letzten Jahrzehnten wurden von den Feldern dieser Region unzählige Felssteingeräte wie Beile, Äxte und deren Fragmente aufgesammelt. Die vielen geborgenen Relikte menschlicher Besiedelung deuten auf einen beliebten jungsteinzeitlichen Siedlungsraum hin. Eine uralte Handelsroute und Süd-Nord-Verbindung führt ebenfalls durch das Gusental. Überall dort, wo Dörfer gegründet wurden, hat sich die Landschaft allmählich verändert. Wälder mussten Feldern und Weideflächen weichen. Es gab keine Hürden, die den Kontakt zu benachbarten Gruppen erschwert hätten. Pfade verbanden die Siedlungen, um mit anderen Dörfern in Verbindung zu bleiben und um Rohstoffe, fertige Gebrauchsgegenstände und Nahrungsmittel zu tauschen.

Kaum eine andere prähistorische Siedlungsregion Oberösterreichs wurde von so vielen Heimatforschern und Sammlern über Jahrzehnte hinweg nach Spuren unserer Vergangenheit abgesucht. Der ehemalige Gallneukirchner Hauptschullehrer Josef Kneidinger hatte sich bereits in den 1930er-Jahren um die Erforschung der Jungsteinzeit im Gallneukirchner Becken verdient gemacht und eine stattliche Sammlung jungsteinzeitlicher Geräte aus der Gegend zusammengetragen. Diese ist leider seit Ende des Zweiten Weltkrieges zum Großteil verschollen. Die Sammlungen von Reinhard Hinterleitner und Josef Dorninger wurden von der Gemeinde Katsdorf angekauft und können im Heimatmuseum Katsdorf besichtigt werden. Der Landwirt und Heimatforscher Josef Reichl hat viele Jahre lang die auf den Feldern um Lungitz an die Feldoberflächen gekommenen jungsteinzeitlichen Hinterlassenschaften aufgelesen. Seit seinem Tod bewahrt seine Familie die umfangreiche Sammlung in einem kleinen Museum für die Nachwelt. Der bis zu seinem Tod in St. Thomas am Blasenstein lebende akademische Maler und Heimatforscher Herbert Hiesmayr ist ebenfalls im Gusental den Spuren der frühen Ackerbauern und Viehzüchter gefolgt und konnte seine Sammlung mit interessanten neolithischen Belegen aus dem Gallneukirchner Becken ergänzen. Die beeindruckende und verschiedene Kulturstufen umfassende Hiesmayr-Kollektion liegt jetzt bei seiner Tochter. Dem Linzer Heimatforscher Kurt Meiche ist es in den 1970er- und 1980er-Jahren gelungen, über 14 000 Bodenfunde aus dem Gallneukirchner Becken sicherzustellen. Meiche übergab 1990 seine Sammlung als ständige Leihgabe an die Gemeinde Engerwitzdorf. Eine Auswahl besonderer Stücke ist im Foyer des Gemeindeamtes ausgestellt und kann während der Öffnungszeiten besichtigt werden.

von oben nach unten: Verschiedene Äxte, eine mit begonnener Hohlbohrung, die mittlere Axt hat eine Länge von 15 cm, Fundort Lungitz; Erntesichel von Langenstein, Länge 11,6 cm; Verschiedene Messer aus Baiersdorfer Plattenhornstein von Lungitz; Kieselsteinperlen aus der Sammlung Hiesmayr; Scheibenkeule von Lungitz; Lamellenrestkern von Katsdorf

Meldungen über Funde von hohen Dechseln und deren Bruchstücke weisen auf eine sehr frühe neolithische Besiedelung hin. In Sammlungen lokaler Heimatforscher konnte Karina Grömer eindeutige Nachweise für diese Annahme finden. Es stellte sich heraus, dass in der Ortschaft Lungitz, Gemeinde Katsdorf, auf einer Fläche von 1,5 Quadratkilometern vier bandkeramische Fundplätze liegen. Grömer hat die Sammlungen von Josef Reichl und Herbert Hiesmayr in Augenschein genommen und das Fundmaterial von Lungitz ausgewertet. Aus der Sammlung Reichl konnte Karina Grömer eindeutige bandkeramische Keramik von drei Lungitzer Fundstellen aussortieren. Ton und Verzierungsmuster der Keramikteile weisen Merkmale der bandkeramischen Kultur auf. Notenkopfdekor und feine Ritzlinien mit v-förmigem Querschnitt deuten auf die jüngere Linearbandkeramik hin.

Bilder ausgewählter Fundstücke aus der Sammlung Reichl zeigen einen Querschnitt jungsteinzeitlicher Artefakte aus Stein. Ein besonders schönes Stück ist eine Erntesichel aus Plattenhornstein. An der Schneidekante ist noch beidseitig der durch das Schneiden von Getreidehalmen entstandene Lackglanz zu erkennen.

Vom vierten Fundplatz in Lungitz konnte Herbert Hiesmayr eine beachtliche Auswahl an jungsteinzeitlichen Hinterlassenschaften aufsammeln. Obwohl verschiedene Sammler diese Fundstelle regelmäßig besuchten, ist es Hiesmayr gelungen, von diesem Fundplatz in nur fünf Jahren Belege mehrerer jungsteinzeitlicher Kulturen sicherzustellen. Karina Grömer hat diese Funde im Jahrbuch des Oberösterreichischen Musealvereines Nr. 142/1 beschrieben und versucht, diese in einen kulturhistorischen Rahmen zu stellen. Rillenverzierte Keramikreste stammen eindeutig von den ersten Landwirten Mitteleuropas, den frühneolithischen Linearbandkeramikern. Neben linienverzierten Scherben ist auch Keramik mit Fingerabdrücken und Notenkopfornamenten vorhanden. Verschieden ausgeprägte Formen von Knubben und Henkeln zeigen eine breite Palette an unterschiedlichen Griffen. Das Mittel- und Spätneolithikum ist durch Keramik der ausgehenden Lengyel-Kultur und der Münchshöfener Kultur vertreten. Ein sehr schönes Beispiel für Zweitere ist ein Keramikfragment, das ein reliefartiges Muster mit Furchenstrichlinien zeigt. Einzelne Tonscherben lassen sich aufgrund der Verzierungsmuster und der Tonqualität der spätneolithischen Chamer Kultur zuweisen. Mehrere Streitaxtfragmente verschiedener Typen dürften aus dem Spät- oder Endneolithikum stammen. Neben den Axtfragmenten liegen von dieser Fundstelle auch Walzenbeile und Rechteckbeile vor. Drei Bohrkerne und ein Glättstein mit Schleifspuren belegen, dass in dieser Siedlung auch Werkzeuge produziert worden sind. In der Hiesmayr-Sammlung befinden sich auch drei durchbohrte Kieselsteine, die er auf einem neolithischen Siedlungsplatz im Gallneukirchner Becken gefunden hat. Diese Steinperlen könnten Teile einer jungsteinzeitlichen

Schmuckkette gewesen sein. Ich selbst habe im Gallneukirchner Becken auch einmal mein Glück versucht und auf Anhieb auf einem Feld in Katsdorf einen schönen Lamellenrestkern aus bayerischem Hornstein gefunden.
Die von der Gemeinde Engerwitzdorf verwahrte Sammlung Meiche wurde 2013 von Alexander Binsteiner untersucht. Die Ergebnisse seiner Analysen sind im Sonderheft Nr. 48 der Linzer Archäologischen Forschung festgehalten. Die umfangreiche Sammlung Meiche besteht demnach aus 14442 Einzelfunden, davon entfallen auf Keramikstücke und Hüttenlehmteile 12230 Stück. Die Summe der Felssteingräte und deren Fragmente betragen 672 Artefakte. Die Anzahl der Präparationsabschläge, Fragmente, Halbfabrikate und Trümmerstücke aus Silex beläuft sich auf 1315 Stück. Als reine urgeschichtliche Geräte aus Silex können 166 Artefakte bezeichnet werden und an neuzeitlichen Flintsteinen und Feuersteinen liegen 59 Exemplare in der Sammlung.
Aus dem großen Fundus der Keramikfragmente konnte Binsteiner einige Keramikteile der Linearbandkeramik zuweisen. Die endneolithische Chamer Kultur mit ihren typischen Verzierungsmustern ist in der Sammlung Meiche mit mehreren Belegen vertreten. Binsteiner stellte auch fest, dass 40 neolithische Silexgeräte aus Rohstoffen gefertigt sind, die seinerzeit über weite Strecken in das Gusental gelangten. Die „Importware" stammt hauptsächlich aus den bayerischen Lagerstätten in Flintsbach, Arnhofen und Baiersdorf. Ein Klingenkratzer aus Feuerstein kommt laut Binsteiner aus den Lessinischen Bergen in der Provinz Verona. Ob damals das Rohmaterial oder bereits fertige Produkte im Tauschhandel zum Endverbraucher gelangten, kann nicht genau gesagt werden.
Bis auf die Öffnung einzelner bronzezeitlicher Hügelgräber in den 1930er-Jahren wurden wissenschaftliche Sondierungen und Grabungen in diesem so fundreichen Gebiet leider nie durchgeführt. Sie hätten sicher noch mehr Licht in die jungsteinzeitliche Lebensweise im Gallneukirchner Becken gebracht.

Neolithische Funde aus dem donaunahen unteren Mühlviertel

Ein weiterer für unzählige steinzeitliche Lesefunde bekannter Landstrich liegt im Bezirk Perg. Es ist dies die einzige Region Oberösterreichs, in der die menschliche Anwesenheit vom Mittelpaläolithikum über das Jungpaläolithikum, das Mesolithikum und das Neolithikum bis zum heutigen Tag belegt ist.
Im Neolithikum boten vor allem die fruchtbaren, teilweise mit Löss bedeckten, an den südlichen Randlagen des unteren Mühlviertels in das Donautal abfallenden Hügel und Hänge attraktive Standorte für feste Siedlungsplätze. Auch auf den weniger ertragreichen Höhenlagen des Mühlviertels wurde im Neolithikum Viehhaltung und Erntewirtschaft betrieben. Der moderne Pflug brachte in den

Verschiedene neolithische Pfeilspitzentypen von Fundstellen des donaunahen unteren Mühlviertels; Pfeilspitze mit gerader Basis, Pfeilspitze mit leicht eingezogener Basis, langschmale Pfeilspitze, 2,8 cm lang, gestielte Pfeilspitze, geflügelte Pfeilspitze; Keulenkopf von Windhaag bei Perg; Sicheleinsatz von Mauthausen, Länge 5,5 cm; Axt von Pergkirchen, Gemeinde Perg, Länge 20 cm; Schleifplatte mit Serpentinitabfällen der Beilproduktion; Webgewicht und Spinnwirtel; rechte Seite: Kette aus Keramikperlen von Mauthausen;

letzten Jahrzehnten auf den Hügeln und Hängen zwischen St. Georgen an der Gusen und der Stadtgemeinde Grein unzählige Hinterlassenschaften der Menschen aus der Jungsteinzeit ans Tageslicht. Verschiedene Sammler bargen bei systematischen Feldbegehungen in dieser Region Werkzeuge und Waffen aus Stein sowie Reste von neolithischer Gebrauchskeramik und so mancher aufmerksame Landwirt hat auf seinen Äckern hauptsächlich die auffälligen Steinbeile entdeckt und aufgesammelt. Im Heimathaus-Stadtmuseum Perg liegt ein repräsentativer Querschnitt jungsteinzeitlicher Oberflächenfunde, die von umliegenden Feldern stammen.

Das donaunahe untere Mühlviertel ist seit einem sogenannten Schlüsselerlebnis vor mehr als 30 Jahren mein bevorzugtes Forschungs- und Sammelgebiet. Es ist mir in diesen drei Jahrzehnten gelungen, neben den bereits beschriebenen jungpaläolithischen Funden aus Perg/Weinzierl auch eine umfangreiche Sammlung neolithischer Artefakte aus dieser Region aufzubauen. In meinen Vitrinen liegen neben verschiedenen Reibsteinen, Beilen, Klingen und Pfeilspitzen auch einige seltene Relikte aus dem Neolithikum. So konnte ich von einem neolithischen Fundplatz bei Mauthausen Keramikperlen aufsammeln und daraus eine komplette Kette gestalten. Wenn die offenen Feldoberflächen vom Regen besonders gut ausgewaschen sind, kann man mit besonderer Aufmerksamkeit auch die eine oder andere kleinformatige neolithische Pfeilspitze finden. Experten und Expertinnen sind oft in der Lage, einzelne Pfeilspitzentypen einer bestimmten neolithischen Kultur zuzuweisen.

In der Sammlung des aus der Marktgemeinde Klam bei Grein stammenden Paters Alexander Puchberger liegen einige interessante Fundstücke aus der Umgebung der Gemeinden Saxen und Klam. Neben mehreren Mahlsteinen, verschiedenen Beilen und Abschlägen befindet sich auch ein angeschliffenes Rötelstück (Hämatit) in seiner Sammlung, das von einem jungsteinzeitlichen Siedlungsplatz in Saxen stammt. Als Mineraliensammler spürt er auch den Fundstätten besonderer Rohmaterialien nach und konnte so in den

Entwässerungsbächen des Gobelberges anstehenden Amphibolitschiefer entdecken, der in der Jungsteinzeit zum Herstellen von Beilen genutzt worden ist. In seiner Sammlung liegt ein etwa 13 Zentimeter langes Amphibolitschieferbeil, dessen mikroskopisches Untersuchungsergebnis zu dem im Hofkirchner Bach vorkommenden Rohmaterial passt. Die neolithischen Menschen zwischen Klam und Grein könnten also die Rohmaterialien für ihre Beilfertigung direkt vor ihren Siedlungen aus den Bächen entnommen haben.

Was bei manchen jungsteinzeitlichen Fundstellen auch immer wieder zum Vorschein kommt, sind Beilrohlinge, Bohrkerne und Serpentinitstücke mit Sägespuren. Von einem Feld wurden in den letzten Jahrzehnten von Sammlern schon mindestens 120 Bohrkerne aufgesammelt. Diese Funde legen nahe, dass seinerzeit in diesem Siedlungsbereich mit einfachen Geräten Serpentinitgeröll planmäßig angeschnitten wurde. In weiteren Arbeitsschritten hatte man die Beilrohlinge herausgebrochen und in die gewünschte Form geschliffen. Wenn erforderlich, wurde mit einer speziellen Vorrichtung auch noch eine Kernbohrung durchgeführt.

Spinnen mit der Handspindel

Diese Rekonstruktion eines neolithischen Gewichtswebstuhles steht im archeoParc Schnalstal, Südtirol;

Serpentinit ist zwar ein zähes, aber nicht zu hartes Gestein, sodass es mit Geschick und einfachen Mitteln angesägt, geschliffen und durchbohrt werden kann. Die nicht brauchbaren Abfälle wurden liegengelassen und zeugen heute von einer prähistorischen Werkstätte. Vielleicht handelte es sich damals bereits um erfahrene Handwerker, die sich auf Beil- und Axtfertigung spezialisiert hatten und dann ihre Waren im Tauschhandel unter die Leute brachten. Thomas Pallwein, der seit 30 Jahren in den USA lebt, war in seiner Jugend ein eifriger Sammler jungsteinzeitlicher Hinterlassenschaften. In seiner Kollektion liegen neben verschiedenen steinzeitlichen Artefakten auch Serpentinitbruchstücke mit Sägespuren und Bohrkerne, die er von einem Feld aus dem Gemeindegebiet von Mauthausen aufgesammelt hat.

Mit viel Glück kann man auf ehemaligen jungsteinzeitlichen Siedlungsplätzen auch unversehrte Spinnwirtel und Webgewichte oder deren Fragmente finden. Die Kunst des Herstellens eines Fadens und des Webens ist seit der Jungsteinzeit bekannt. Oberflächenfunde von Spinnwirteln und Webgewichten belegen die Ausführung dieses Handwerkes. Vor allem von der Unterwasserarchäologie kennen wir jungsteinzeitliche Textilfragmente aus Seeufersiedlungen, mit denen Webtechniken und Textilqualitäten rekonstruiert werden konnten. Die Produktion von Textilien war sicher eine lebenswichtige, aber sehr zeitaufwendige Angelegenheit. Die Fasern von Flachs mussten in sehr arbeitsintensiven Prozessen gewonnen werden. Für Tierhaare beziehungsweise Wolle war die Vorbereitung zum Spinnen etwas einfacher. Der Spinnwirtel war am unteren Drittel eines etwa 30 Zentimeter langen Stabes (Spindel) angebracht und diente als Schwunggewicht. Man benützte die Handspindel freihändig oder auf dem Boden laufen lassend. Durch die Drehung der Spindel wurden die Fasern zu einem Faden verdreht. Dieser konnte dann abgewickelt und mit einfachen Webvorrichtungen, von denen noch so manches Webgewicht erhalten geblieben ist, weiterverarbeitet werden. Der gesamte Zeitaufwand für die Herstellung eines Kleidungsstückes betrug für eine Person mit Sicherheit mehrere Wochen.

Neben Lein wurde auch Baumbast zur Herstellung von Geweben verwendet. Baumbast war zudem das wichtigste Material zur Erzeugung von Schnüren, Seilen, Netzen, Geflechten und zwirngebundenen Textilien. Im Neolithikum wurde ein großer Teil der textilen Flächen mittels Flechttechniken und Zwirnbindungen hergestellt. In der Bronzezeit gewann die Wolle an Bedeutung.

Die jungsteinzeitliche Gletschermumie vom Tisenjoch

Die Gletschermumie aus dem österreichisch-italienischen Grenzgebiet gehört zwar aus geografischer Sicht nicht in dieses Buch, aber ihre Bedeutung für die Steinzeitforschung ist so enorm, dass ein solcher Glücksfall in dieser Publikation nicht fehlen darf. Die Erkenntnisse und Informationen, die durch den umfangreichen Fundkomplex generiert werden konnten, sind gut geeignet, um zu illustrieren, wie jungsteinzeitliches Leben vonstattenging.

Am 19. September 1991 entdeckte ein Urlauberehepaar aus Deutschland bei ihrer Hochgebirgswanderung in den Ötztaler Alpen im Eis des Tisenjoches eine menschliche Leiche. Aus einer mit Eis und Schmelzwasser gefüllten Senke ragten der Hinterkopf und Teile der Schultern des Leichnams. Da sich das Eis in dieser Mulde über Jahrtausende nicht bewegt hatte, wurden die Gletscherleiche und ihre Gerätschaften von der Bewegung des in Richtung Tal gleitenden Gletschers nicht erfasst, sondern lagen über 5 000 Jahre am gleichen Platz. Die Bedeutung dieser Entdeckung wurde leider nicht sofort erkannt, sodass die schwierige Bergung in den folgenden Tagen nicht optimal verlief. Es kam zu verschiedenen Beschädigungen am Körper und den Beifunden. Erst nach Einbeziehen von Prähistorikern wurde die Einzigartigkeit des Fundes erkannt.

Die Innsbrucker Urgeschichtsforschung konnte einen Sensationsfund verkünden. Im österreichisch-italienischen Grenzgebiet auf einer Seehöhe von etwa 3 200 Metern war eine prähistorische Eismumie mit voller Ausrüstung geborgen worden. Wie sich bei den Untersuchungen herausstellte, stammt der Mann aus dem Eis aus der Jungsteinzeit. Er wurde vor etwa 5 250 Jahren mit Bekleidung und Ausrüstung gewaltsam aus dem Leben gerissen und im Gletschereis der Nachwelt erhalten. Todesursache dürfte ein aus dem Hinterhalt abgeschossener Pfeil gewesen sein. Die Pfeilspitze hat das linke Schulterblatt durchschlagen und eine Arterie verletzt. Nachgewiesen wurde auch ein Schädel-Hirn-Trauma, das ebenfalls als Todesursache möglich erscheint. Dass die Gletschermumie ihr persönliches Hab und Gut, vor allem das besonders wertvolle Kupferbeil bei sich hatte, könnte auch auf eine Bestattung schließen lassen.

Ötzi, wie der später weltberühmte Mann aus dem Eis liebevoll genannt wird, ermöglicht uns einen tiefen Einblick in das Leben im Jungneolithikum. Die spektakulären Funde vom Tisenjoch und deren interdisziplinäre Auswertungen erbrachten sensationelle neue Erkenntnisse und bestätigten so manche schon lange diskutierte These. Wir wissen heute, dass Ötzi zum Todeszeitpunkt etwa 45 Jahre alt war, braune Augen und verschiedene gesundheitliche Mängel hatte

Die Kupferklinge war mit Baumharz und Lederriemen am Schaft fixiert

sowie kurz vor seinem Tod noch Getreide, Äpfel und Fleisch vom Alpensteinbock gegessen hatte.

Die Kleidung des Mannes vom Tisenjoch war auf jeden Fall hochgebirgstauglich. Sie hat sich aber über die Jahrtausende so stark zersetzt, dass mit herkömmlichen Methoden eine genaue Bestimmung der verwendeten Tierhäute nicht mehr möglich war. Erst die aufwendige Isolierung der DNA aus den Fundstücken und der Vergleich mit lebenden Tieren brachten die Lösungen der Rätsel. Die Beine waren mit einer enganliegenden Hose aus Ziegenleder bedeckt. Die Hosenbeine waren mit Riemchen am Gürtel, der zweimal um den Körper gewickelt war, befestigt. Ein Lendenschurz aus Schafsleder war zwischen den Beinen durchgezogen und mit dem Gürtel am Körper festgeklemmt. Am etwa zwei Meter langen Gürtel, der sowohl Beinlinge als auch den Lendenschurz hielt, war auch ein kleines Täschchen angenäht. Diese Gürteltasche enthielt wichtige Utensilien wie eine 7,1 Zentimeter lange Knochenahle, einen Klingenkratzer, das Bruchstück einer Klinge, Zunderschwamm und Spuren von Pyrit zum Feuermachen. Zwei mitgeführte Birkenporlinge dienten vermutlich als Medikament gegen Magenbeschwerden. Die Funktion der in einer kleinen gelochten Steinscheibe eingefädelten Rohhautstreifen ist bis heute nicht geklärt. Der Mantel des Eismannes war aus Ziegen- und Schafsleder zusammengesetzt. Die behaarte Seite wurde nach außen getragen. Als Kopfbedeckung trug Ötzi eine Mütze aus Braunbärenfell, mit der Fellseite nach außen.

Besonders raffiniert waren die Schuhe mit Außen- und Innenschuh sowie einer Zwischenpolsterung ausgeführt. Die Sohle besteht aus Braunbärenfell, mit der Fellseite nach innen. An den Unterseiten der Sohlen angebrachte Lederstreifen dienten als Profil. Direkt am Fuß lag ein Netzgeflecht aus Lindenbastschnüren auf, das mit Lederriemchen an der Sohle befestigt war. Da das Oberleder durch dieselben Schlitze versetzt ebenfalls an der Sohle befestigt war, entstand zwischen dem Netz und dem Oberleder ein Zwischenraum. In diesem wurde als Wärmedämmung und Polsterung trockenes Gras eingefügt. Das Oberleder aus Rinderfell war mit eingefädelten Bastschnüren verflochten und eng am Fußgelenk zusammengezogen, sodass das Eindringen von Feuchtigkeit verhindert wurde.
Reste von geflochtenem Süßgras könnten Teil eines Regenschutzes oder auch ein Bestandteil der Rückentrage gewesen sein.
Ein für die damalige Zeit besonders kostbarer Gegenstand ist das bei Ötzi gefundene Kupferbeil. Das Kupfer des geschäftet erhalten gebliebenen Beiles dürfte gemäß den Analysen aus toskanischem Erz gewonnen worden sein. Es handelt sich um das weltweit älteste vollkommen erhaltene vorgeschichtliche Beil mit Kupferklinge und ist mit hoher Wahrscheinlichkeit als Waffe und Statussymbol anzusehen.
Ötzi hatte auch eine sehr effektive Fernwaffe bei sich. Ein offensichtlich nicht ganz fertiggestellter Bogen aus Eibenholz mit einer Länge von 1,80 Metern gehörte zu seiner Ausstattung. Versuche mit nachgebauten Bögen ergaben auf eine Entfernung von 30–50 Metern eine tödliche Durchschlagskraft bei Wildtieren wie Reh oder Hirsch.
Zwei schussbereite und zwölf unbewährte Pfeile steckten in seinem Köcher aus Rehleder. Die Pfeile sind aus dem Holz des wolligen Schneeballs gefertigt und haben eine durchschnittliche Länge von 85 Zentimetern. Die Silexpfeilspitzen der beiden vollständigen Pfeile sind mit Birkenpech und einer Schnur am Schaft befestigt. Als Befiederung der Pfeile dienten Entenfedern, die ebenfalls mit Birkenpech angeklebt wurden.
In einer Scheide aus geflochtenem Lindenbast steckte ein kleiner Dolch aus Feuerstein, der als Werkzeug zu interpretieren ist. Der Feuerstein der stark abgenützten Dolchklinge stammt aus den Lessinischen Bergen östlich vom Gardasee und ist in einem Griff aus Eschenholz befestigt.
Einige Meter vom Gletschermann entfernt entdeckte man die Reste einer Rückentrage. Ein fast zwei Meter langer, gebogener Haselnussstab mit Kerben an den Enden dürfte als Rahmen gedient haben. Die eingeschnittenen Kerben an den ebenfalls dort gefundenen drei Lärchenholzbrettchen passen gut in die Kerben des Haselnussstabes. Zusammen mit den Resten von Lindenbastschnüren ist die Konstruktion einer Rückentrage gut vorstellbar. Zwei zylindrische Behälter aus Birkenrinde wurden als Glutbehälter interpretiert. Eines der Gefäße hat eine verkohlte Innenwand und enthielt noch Holzkohlefragmente.

Der Feuersteindolch ist in einem Holzgriff eingesetzt;
rechts: Der rekonstruierte Mann aus dem Eis, Rekonstruktion by Kennis

Verschiedene wissenschaftliche Forschungsergebnisse konnten die Herkunft des Mannes vom Tisenjoch auf die Region südlich des Alpenhauptkammes eingrenzen. Demnach dürfte Ötzi aus einem Tal des Vintschgaus stammen. Teile seiner Ausrüstung wie der Typus des Kupferbeiles und die aus lessinischem Feuerstein gefertigten Pfeilspitzen und der Dolch weisen Ötzi als Träger der südalpinen Remedello Kultur (um 3 400 bis 2 800 v. Chr.) aus.
Ötzi hütet noch viele Geheimnisse. Rätsel geben zum Beispiel die 61 Tätowierungen auf seinem Körper auf. Die parallelen Linien und Kreuze könnten eine Art Akupunktur sein oder aber eine völlig andere Bedeutung haben.
Die Gletschermumie und seine Ausrüstung liegen heute auf drei Etagen verteilt im Südtiroler Archäologie Museum in Bozen und werden jährlich von Tausenden Besuchern besichtigt.

Kultische Handlungen auf der Berglitzl?

Im Ortsteil Gusen auf dem Gemeindegebiet von Langenstein liegt der bedeutende archäologische Fundplatz Berglitzl. Bis zur Donauregulierung im 19. Jahrhundert ragte dieser markante Granitfelsen als Spitze einer Landzunge in das Flussgerinne der Donau. Bei Hochwasser dürfte der Hügel mit seiner nach Westen steil abfallenden Felswand als Insel aus den reißenden Fluten geragt haben. Diese außergewöhnliche Kombination von exponierter Lage am oder im mächtigen Fluss und auffälligem Fels hat offensichtlich den prähistorischen Menschen über Jahrtausende hinweg in seinen Bann gezogen.

Die in der zweiten Hälfte des 20. Jahrhunderts vom Oberösterreichischen Landesmuseum durchgeführten Grabungen auf der Berglitzl brachten eindeutige Nachweise, dass sich Menschen ab dem mittleren Paläolithikum mit Unterbrechungen bis in die Bronzezeit an diesem einzigartigen Platz aufgehalten haben. Tausende urgeschichtliche Artefakte aus verschiedenen archäologischen Kulturen belegen, dass dieser Platz ein bevorzugter Aufenthaltsort unserer Vorfahren war.

Die Grabungen 1973 und 1974 erbrachten am Fuß des Südost-Hanges der Berglitzl eine Befundsituation, die auf kultische Handlungen schließen lässt. Mehrere Kulturhorizonte vom Mittelneolithikum bis zur frühen Bronzezeit waren durch sedimentierte Überflutungsschichten getrennt. Durch die immer wiederkehrenden Überflutungen mit Ablagerungen stiegen die Begehungshorizonte immer höher. Die freigelegte Anlage umschließt, mit Felsgestein befestigt, halbkreisförmig den nach Südosten geneigten flachen Hügel. Im Zentralbereich springt aus der Hangschräge ein mächtiger Schalenstein aus grobkörnigem Granit in die damalige Uferzone. Auf der etwa dreieckigen Felsoberfläche befindet sich eine gestuft-schalenförmige Höhlung mit einem Durchmesser von 45 Zentimetern und einer maximalen Tiefe von 25 Zentimetern. Starke Brandrötungen auf der gesamten Plateauoberfläche und an den Außenseiten des Schalensteins lassen auf wiederholte starke Feuer schließen. Die Befunde und das Fundmaterial weisen den brandgeröteten Schalenstein als Zentrum eines möglichen Opfer- oder Kultplatzes aus.

In den Grabungsunterlagen wird über Funde großer Mengen absichtlich zerschlagener Keramik, Tierknochen und tierischer Unterkiefer, die teilweise in auffälligem Verband gelagert waren, berichtet. Besonders bemerkenswert ist, dass auch zerschlagene Knochen menschlicher Extremitäten, zweigeteilte Unterkiefer sowie menschliche Schädeltrümmer, die zum Teil angebrannt waren, vorgefunden wurden. Eine einreihige Großsteinsetzung vermittelt den Eindruck, dass sie zur Begrenzung einzelner Handlungsflächen für Opferungen und Hinterlegungen von Gefäßen mit Opfergaben sowie menschlicher und tierischer Körperteile

dienten. Mächtige Brandhorizonte mit verkohlten Hölzern weisen zwingend auf Feuergebrauch hin. Die hinterlegten Gegenstände – darunter eine große Anzahl Steinbeile, gelochte Objekte mit Amulettcharakter, eine Kupferaxt und ein besonders schöner Fischschwanzdolch aus nordischem Flint – zeigten keine Gebrauchsspuren und dürften nur für diese Handlungen verwendet worden sein. Einige Meter östlich des Schalensteins, im reinen Sedimentboden, kamen sorgfältig angeordnete Teile eines Mädchenskelettes ans Tageslicht.
Ein ständig vom Element Wasser umspülter Schalenstein in Verbindung mit Feuer, Steinsetzungen und Deponierungen von Opfergaben ist in dieser Art für unsere Region einzigartig. Aufgrund der Grabungsergebnisse ist es denkbar, dass es auf der Berglitzl über sehr lange Zeit zu kultischen Handlungen gekommen sein könnte. Welche Rituale und Zeremonien auf diesem „Heiligtum" in grauer Vorzeit vielleicht praktiziert worden sind, wird uns aber für immer verschlossen bleiben.
Dem Umstand, dass die Anlage flussabwärts geschützt hinter dem etwa 13 Meter aus dem Augebiet aufragenden Granithügel liegt und deshalb den Naturgewalten der reißenden Fluten bei Hochwässern nie wirklich ausgesetzt war, ist es zu verdanken, dass diese außergewöhnlichen Befunde der Nachwelt erhalten geblieben sind.

Der Schalenstein von der Berglitzl

Geheimnisvolle Felsritzungen im Salzkammergut

Sonne, Mond und Sternenkonstellationen waren für die prähistorischen Menschen kulturbeeinflussende Phänomene und wichtige Orientierungshilfen. Auffällige Gegenden, markante Berge oder besondere Felsformationen haben die Menschen schon vor Tausenden von Jahren in ihren Bann gezogen. Diese geografischen Punkte wurden oft zu Kultstätten auserkoren und dann zu besonderen Anlässen und Zeitpunkten aufgesucht. Die Abhängigkeit von der Natur und deren Gewalten sowie der Wunsch nach Fruchtbarkeit von Mensch, Tier und Pflanzen waren vermutlich die Motive, dass man Naturgottheiten verehrte, ihnen zu Ehren Feste feierte und wahrscheinlich auch Opfer darbrachte. Auf diesen Plätzen wurden möglicherweise kultische Handlungen durchgeführt und Gottheiten um Schutz und Hilfe angerufen. Auch ein erhofftes Weiterleben nach dem Tod dürfte Grund für spirituelle Aktivitäten gewesen sein. Spuren dieser Kultplätze sind nur in sehr seltenen Fällen heute noch erkennbar. Noch existierende Steinsetzungen, Schalensteine oder Erdwerke haben sehr oft urgeschichtlichen Ursprung, können aber von der archäologischen Fachwelt nur in Verbindung mit einem dazugehörigen Fundkontext zeitlich eingeordnet werden. Erhalten geblieben sind hingegen oft von Menschen in leicht ritzbare Oberflächen von Kalkstein eingravierte Motivbilder. Diese können von frühen Kulturen, aus historischen Zeiten, aber auch aus der jüngeren Vergangenheit stammen. Manche Felsritzungen haben möglicherweise einen kultischen oder religiösen Hintergrund und vermitteln Botschaften aus längst vergangenen Zeiten. Vermutete Kommunikation mit dem Jenseits oder der Geisterwelt finden wir an alpinen Pfaden oder Gebirgsübergängen, oft aber auch an schwer zugänglichen Felsblöcken oder Felswänden. Diese von Menschenhand eingeritzten Symbole zu erkennen und deren mögliche Bedeutungen zu erahnen, ist eine kaum lösbare Aufgabe. Aus den vielen bekannten Felsritzungen oder deren Fragmenten jene mit eventuell prähistorischem Ursprung herauszufiltern und diese zu datieren, ist schwierig und bewegt sich immer in einer gewissen Grauzone. Einzelne Forscher meinen, dass verschiedene neolithische Kulturen auch in den oberösterreichischen Alpen mit Felsritzungen Spuren hinterlassen haben.

Oberösterreichische Pioniere auf dem Gebiet der Felsbilderforschung waren Ernst Burgstaller und Werner Pichler. Ihre prähistorischen Deutungen wurden von der archäologischen und naturwissenschaftlichen Fachwelt aber vielfach abgelehnt.

Franz Mandl vom Verein für alpine Forschung (ANISA) beschäftigt sich schon viele Jahrzehnte mit der Felsbildforschung in den Alpen. Die etwa 1 200 Bildwände, die er teils selbst entdeckt hat, waren die Grundlage für sein Buch „Felsbilder

Österreich – Bayern. Nördliche Kalkalpen" (2011). Als ausgewiesener Kenner der Materie wurde er 2016 vom Bundesdenkmalamt mit der Dokumentation und Aufnahme der Felsbilder in den nördlichen Kalkalpen beauftragt. Ziel dieses auf zehn Jahre angelegten Projektes ist es, die wichtigsten Felsbildstationen zu evaluieren und Grundlagen für eventuelle Unterschutzstellungen zu erarbeiten. Felsritzbilder sind meist in den weicheren Verwitterungsrinden der Kalkfelsen angebracht. Verwitterungsrinden bauen sich je nach Lage an den Oberflächen verschieden schnell ab, bauen sich aber gleichzeitig am Übergang zum festen Gestein wieder auf, sodass immer eine bestimmte Stärke erhalten bleibt. Die meisten Ritzungen wurden in der Neuzeit oder im Spätmittelalter geschaffen. Auch oft archaisch wirkende Zeichen und Symbole dürften nach Mandls Ansicht überwiegend aus historischer Zeit stammen. Einzelne Felsbilder könnten jedoch aus typologischer Sicht in die späte Bronzezeit und Eisenzeit gestellt werden. Franz Mandl meint, dass Ritzungen aus dem Neolithikum in den nördlichen Kalkalpen wegen des permanent fortschreitenden Verwitterungsprozesses im Kalkgestein heute nicht mehr erkennbar wären.

Der aus Linz stammende und in Salzburg lebende Pädagoge, Schriftsteller und Felsbildforscher Wolfgang Kauer beschäftigt sich seit rund zwei Jahrzehnten mit dem Erforschen und Interpretieren von alpinen Felsritzungen. Kauer versucht diese szenisch zu deuten und motivgeschichtlich zuzuordnen. Er orientiert sich an weltweit existierenden prähistorischen Bildmotiven sowie archäologischen Befunden und vergleicht dazu Artefakte und Ornamente auf Keramiken. Dieser Zugang öffnet ihm Türen in seiner Befundung von meist stark verwitterten, in alpinen Felswänden eingeritzten Symbolen. Er vermutet, dass einzelne Felsritzungen, die meist an schwer zugänglichen Felswänden angebracht sind, aus der Jungsteinzeit stammen. Seine Erkenntnisse und Interpretationen hat er in zwei Büchern veröffentlicht („Felsbilder der Ostalpen", 2017, und „Festbilder der Alpen", 2019). Derartige Ritzbilder, die Wolfgang Kauer in prähistorische Zeiten stellt, hat er in folgenden Regionen des Salzkammergutes gefunden:

Ein nur über steiles Gelände zu erreichendes Felsbilderensemble befindet sich in der Knappenwand oberhalb des Schwarzensees auf dem Gemeindegebiet von St. Wolfgang. Die eingeritzten Rauten, Netze, Schirme und Räder sind in dieser Anzahl und Anordnung für Österreich einzigartig. Unweit der Knappenwand liegt die „Teufelhaus" genannte Felswand am Mönichsee. Eine geschützte Stelle ist gemäß Kauer ebenfalls mit kultisch zu interpretierenden Felsgravuren aus der Jungsteinzeit und der Bronzezeit ausgestattet. Weitere, aus dem Gemeindegebiet von St. Wolfgang bekannte Felsbilder befinden sich vor und im Eingangsbereich der Rußbacher Höhle, auch „Nixloch" genannt.

In der auf einer Seehöhe von 750 Metern liegenden Kienbachklamm zwischen Bad Ischl und St. Wolfgang sind Felswände mit etwa 1 000 Felsbildern aus

verschiedenen Zeitepochen bestückt. Ein großer Teil der Gravierungen wurde leider in den vorherigen Jahrzehnten von verantwortungslosen Touristen mutwillig beschädigt, überschrieben, nachgeritzt oder gänzlich zerstört.
Zwei Felswände mit einer großen Anzahl geheimnisvoller Felsbilder befinden sich hoch über dem Ort Traunkirchen, am Fuß der Baalsteinwand. Die meisten Ritzungen dürften zwar aus historischen Zeiten stammen, aber nach Wolfgang Kauer könnten Menschen der Jungsteinzeit Rauten, Rautenbänder und Zickzacklinien angebracht haben.
Diese Interpretationen und vermuteten Zeitstellungen können derzeit mit wissenschaftlichen Methoden nicht bestätigt werden. Ob sich Menschen der Jungsteinzeit tatsächlich auf Felswänden unserer Alpen verewigt haben, bleibt somit ein Geheimnis.

Felsritzungen von der Bärenvogelwand in der Kienbachklamm

Fernkontakte anhand mineralischer Rohmaterialien und Prestigeobjekte

Werkzeuge und Waffen waren für die Menschen der Steinzeit äußerst wichtige Utensilien. Neben Materialien wie Holz, Knochen, Geweih, Zähnen und Horn, die leider in den wenigsten Fällen erhalten geblieben sind, waren Gesteine und Mineralien die Grundmaterialien für die Herstellung von leistungsfähigen Geräten. Im Lauf der Jahrhunderttausende haben sich zähe und harte Mineralien, die beim Abschlagen muschelig brechen und scharfe Kanten bilden, als bestens geeignetes Rohmaterial durchgesetzt. Es handelte sich dabei um harte Gesteine aus mikrokristallinem Quarz (Feuersteine, Hornsteine und Radiolarite). Umgangssprachlich sind auch oft die englische Bezeichnung „Flint" sowie das französische Wort „Silex" gebräuchlich. „Silex" gilt in der Archäologie auch als Sammelbegriff für die vielen unterschiedlichen Gesteins-Varietäten der glasartigen, sehr scharfkantig brechenden Quarz- beziehungsweise Kieselgesteine. Diese Gesteinsgruppe entstand aus organischen Sedimenten des Erdmittelalters in marinen Ablagerungen wie Kreide oder Kalkstein. Ausgangsmaterialien waren kleinste abgestorbene Organismen wie Nadeln von Kieselschwämmen und Gehäuse von Radiolarien und Kieselalgen. Diese kieselsauren Gesteine kennen wir in verschiedenen Farb- und Formenvarianten, welche durch zusätzliche Elemente und Mineraleinschlüsse bestimmt werden. Anorganische Varietäten werden als Chalzedon, Jaspis und Achat bezeichnet.

In Oberösterreich fanden die Menschen aus der Steinzeit diese begehrten Rohmaterialien in wechselnden Mengen und nicht immer in bester Qualität in verschiedenen Aufschlüssen und im Geschiebe der Donau und deren Nebenflüssen. Aber bereits in Nachbarregionen wie Niederbayern sind viele Lagerstätten mit hochwertigerem Silex bekannt. Bereits die Jäger und Sammler der Altsteinzeit kannten die hohe Qualität verschiedener Silexvarietäten aus bayerischen Lagerstätten und fertigten aus diesem besonderen Gestein ihre Faustkeile, Projektilspitzen, Klingen und Kratzer.

Aus der südlichen Frankenalb zwischen Eichstätt und Regensburg kennen wir viele geologische Aufschlüsse mit Jurahornstein, aus denen während der letzten Eiszeit Menschen dieses begehrte Rohmaterial entnommen haben. Ergiebige Lagerstätten mit Knollenhornsteinvorkommen liegen auch am Rand zu den kristallinen Ausläufern des Bayerischen Waldes zwischen Regensburg und Passau.

In den jungpaläolithischen Freilandstationen von Perg/Weinzierl wurden neben Gesteinen aus dem bayerischen Raum, die man allerdings auch in den Donauschottern finden kann, auch Einträge, die aus dem nördlichen Niederösterreich, dem

Klingen aus bayerischem Hornstein, gefunden im Bezirk Perg. Die mittlere Klinge ist 5,2 cm lang

heutigen Tschechien und Polen stammen, entdeckt. Diese Funde belegen einen großen Aktionsradius der Gruppe der Jäger und Sammler der jüngeren Altsteinzeit. Die Menschen des Neolithikums waren sesshaft und in Gegenden mit fruchtbaren Ackerböden gab es nicht immer die geeigneten mineralischen Rohmaterialien zum Anfertigen der notwendigen Gerätschaften wie Sicheleinsätze, Kratzer, Klingen, Bohrer, Dolche und Pfeilspitzen. Von jungsteinzeitlichen Siedlungsplätzen Oberösterreichs kennen wir viele aus Hornstein gefertigte Steingeräte, die von geologischen Lagerstätten im heutigen Bayern stammen. Fertige Werkzeuge oder die Rohstoffe selbst gelangten im Tausch von Hand zu Hand oft über weite Strecken zum Endnutzer. Selbst die Alpen stellten für Tauschbeziehungen kein Hindernis dar. In den Lessinischen Bergen östlich des Gardasees abgebaute Feuersteine gelangten über den Alpenhauptkamm bis in die jungsteinzeitlichen Siedlungen des Donauraumes. Für manche Vorkommen, wie zum Beispiel dem bei Abensberg-Arnhofen, wird phasenweise erwogen, dass auch Besucher oder Endverbraucher selbst die Bergwerke aufsuchten, um das gewünschte Material einzutauschen oder selbst nach Silex zu schürfen. Für eine Phase von mehreren hundert Jahren am Beginn des 5. Jahrtausends v. Chr. war diese Art Tauschhandel ein gut funktionierendes Verteilersystem über weite Teile des südlichen Mitteleuropas. Dort wo die Nutzungsgeschichte von Silexvorkommen besser bekannt ist, scheint es so, als ob bestimmte Formen des Tausches für jeweils längere Zeit die dominierende Form der Weitergabe von Stücken aus diesen Quellen waren – allerdings ohne Trend von einfachen zu komplexen Tauschformen. Das Tauschen und die Weitergabe von Hand zu Hand wird wohl die überwiegende Form der Verteilung gewesen sein.

Bereits in der späten Altsteinzeit gab es vereinzelt Untertage-Abbau von Silex, etwa im polnischen Oronsko. In der Jungsteinzeit wurden Hornsteine und Radiolarite dann systematisch in Feuersteinbergwerken abgebaut. Mit Holzspaten oder Geweihhacken wurden Schächte und Gruben in lockeren wie in felsigen Untergrund getrieben. Die Schächte wurden mit Seilen, Leitern oder Steigbäumen befahren und die geborgenen Silexknollen in Trag- oder Förderkörben an die Oberfläche gebracht. Die Werkzeuge und Abbaumethoden waren dabei bestens an den jeweiligen Untergrund angepasst.

Beachtet man die tatsächlich nötigen Arbeitszeiten und technischen Kenntnisse, so gibt es keine archäologischen Sachargumente für vollzeitspezialisierte Bergleute. Vielmehr ist anzunehmen, dass die jungsteinzeitlichen Familienverbände außerhalb der Agrarsaison Bergbau betrieben. Tatsächlich gibt es nur ganz wenige direkte Hinweise darauf, wer den Abbau aktiv betrieben hat. So liegt für die Jungsteinzeit im südlichen Mitteleuropa kein einziger Beleg für einen Bergmann vor, sehr wohl aber für Bergfrauen! Im Bergwerk im südmährischen Krumlauer Wald fand man zwei jeweils an einer Schachtsohle um 4.600 v. Chr. bestattete Frauen, die aufgrund von Körperbau und Ernährung mutmaßlich Bergfrauen waren.

Eines der größten dieser urgeschichtlichen Feuersteinbergwerke in Mitteleuropa liegt südöstlich des Ortsteils Arnhofen der Stadt Abensberg, im Landkreis

Rekonstruktion vom neolithischen Feuersteinabbau in Rein, Steiermark

Kelheim in Niederbayern. Bereits seit der Altsteinzeit wurde dieser Silex benutzt, aber erst ab etwa 5.300 v. Chr. ist ein Untertagebergbau für Platten- und Knollenhornstein mit bis zu acht Meter tiefen Schächten anzunehmen. Der Abbau war während der frühen und mittleren Jungsteinzeit am intensivsten, wurde allerdings noch bis zum Ende der Jungsteinzeit weiterbetrieben. Nach etwa 3 000 Jahren Bergbau erreichte das Minengelände schließlich seine heutige Ausdehnung von mindestens 40 Hektar. Georg Roth schätzte in seiner Dissertation (2008) anhand der Schachtdichten und ausgegrabenen Areale, dass an diesem Ort zwischen 40 000 und 120 000 Schächte existieren. In der Hochblüte des Bergbaues um 4 800 v. Chr. förderten die Arnhofener Bergleute pro Jahr mehrere Tonnen dieses begehrten Rohmaterials. Funde von Artefakten aus Arnhofener Hornstein kennen wir vom Rheinland über Südbaden bis nach Niederschlesien oder Ungarn. Weitere bedeutende steinzeitlich genützte Rohstoffquellen lagen etwa bei Baiersdorf/Landkreis Kelheim und Flintsbach/Landkreis Deggendorf in Niederbayern sowie im Krumlauer Wald in Südmähren oder bei Rein in der Steiermark.

Auf der Antonshöhe bei Mauer, im 23. Wiener Gemeindebezirk, wurde 1929 ein jungsteinzeitliches Hornsteinbergwerk mit bis zu acht Meter tiefen, senkrechten Schächten entdeckt. Um das Rohmaterial zu gewinnen, haben die Menschen der Jungsteinzeit die Radiolarit- und Hornsteinschichten bergmännisch unter Tag mit waagrechten Seitenstollen erschlossen. Hornstein aus Mauer wurde in jungsteinzeitlichen Siedlungsplätzen in der Osthälfte Österreichs nachgewiesen.

Neben diesen lang bekannten Bergwerken gibt es aber auch immer wieder neue Entdeckungen. So entdeckten die Wiener Archäologen Oliver Schmitsberger, Michael Brandl und Martin Penz seit 2016 über ein Dutzend Abbaustellen von Klippenzonenradiolarit am westlichen Stadtrand Wiens, in den Hügeln des Lainzer Tiergartens.

Auch in den Alpen gibt es verschiedene, im Kalk eingelagerte Silexvorkommen, die im Neolithikum genutzt wurden. Im Salzkammergut, in der Nähe des Ausflusses

Nordischer Flintdolch von der Berglitzl, Länge 21,5 cm

links: Obsidianlamelle aus den Karpaten, gefunden in Pasching, Länge 1,9 cm; darunter: Klinge aus Szentgàl-Radiolarit von den Bakony-Bergen in Ungarn, entdeckt in Pasching, Länge 4,5 cm; daneben: Flachbeil aus Amphibolitschiefer vom Isergebirge in der Tschechischen Republik, Länge 7 cm, gefunden in Ried/Riedmark; rechts: Das Jadeitbeil, dessen Material vom Monte Viso in Italien stammt, ist 12,9 cm lang und im Grenzgebiet zwischen Neuhofen/Krems und Ansfelden an die Feldoberfläche gekommen.

des Laudachsees nahe Gmunden entdeckte der Heimatforscher Robert Neuhauser 2007 eine sekundär verlagerte Silexlagerstätte, die vermutlich im späten Neolithikum genutzt wurde. Der Geoarchäologe Alexander Binsteiner konnte im Sommer 2008 Hornstein- und Radiolarit-führende Juraschichten im Mondseeland entdecken. Die ergiebigen Lagerstätten erstrecken sich nach seinen Angaben vom Zwölferhorn am Wolfgangsee bis an die Salzach bei Oberalm nahe Hallein.

Nördlich vom Plattensee, im Bakony-Gebirge, wurde bereits von den frühen Linearbandkeramikern Radiolarit abgebaut. Steingeräte aus diesem hochwertigen sogenannten Szentgàl-Radiolarit finden wir auch auf neolithischen Siedlungsplätzen Oberösterreichs.

Aus mehreren jungsteinzeitlichen Siedlungsbefunden Oberösterreichs wie zum Beispiel Ölkam, Rutzing, Leonding, Pasching sowie von verschiedenen Oberflächenaufsammlungen kennen wir Geräte, die aus Obsidian gefertigt sind. Obsidian ist ein Gesteinsglas und entsteht bei sehr rascher Abkühlung von aus Vulkanen austretendem Magma. Die Farbe von Obsidian variiert von schwarz über grau bis fast glasklar und bildet beim Spalten einen muscheligen Bruch mit sehr scharfen Kanten. Die nächstgelegenen Obsidianlagerstätten liegen in den östlichen Karpaten, im Grenzgebiet der Länder Slowakei, Ungarn und Ukraine.

Ein besonders schönes Importstück ist der auf der Berglitzl, Ortschaft Gusen, Gemeinde Langenstein, ausgegrabene Feuersteindolch. Der nordische Fischschwanzdolch aus baltischem Feuerstein dürfte aus dem Endneolithikum oder der frühen Bronzezeit stammen. Vermutlich handelt es sich bei diesem Fundstück um eine Grabbeigabe oder eine rituelle Opfergabe.

In der Jungsteinzeit kommt es auch zu einer Erweiterung des verarbeiteten mineralischen Rohmaterialspektrums. Aus zähem, schwer spaltbarem Felsgestein

links: Dieser Armreifen lag in einem bandkeramischen Grab in Rutzing. Er wurde aus einer Spondylusmuschel, die aus dem Schwarzen Meer stammt, gefertigt.
rechts: Diese Kupferaxt aus dem Karpatenraum ist Teil eines Depotfundes von Linz-St. Peter.

wurden Beile, Äxte, Keulenköpfe und Reibsteine gefertigt. Es handelte sich dabei meist um Serpentinit, Amphibolitschiefer, Quarz und Sillimanit. Diese Materialien wurden ebenfalls oft über weiträumige Kontakte getauscht. Aus früh- und mittelneolithischen Siedlungsplätzen Oberösterreichs kennen wir verschiedene Beile und Dechsel, die aus Amphibolitschiefer (Aktinolith-Hornblendeschiefer) gefertigt sind, der in Jistebsko, das im böhmischen Isergebirge liegt, abgebaut wurde. Die meisten in Oberösterreich gefundenen Felssteingeräte sind aus Serpentinit gefertigt, dessen Rohmaterial oft aus den Geschieben der Flüsse stammt. Serpentinit ist ein meist grünes metamorphes Gestein, das durch Druck, Wasser und hohe Temperaturen meist aus Peridotit umgewandelt wurde. Peridotit ist das häufigste Gestein im Erdmantel und besteht zu einem Großteil aus Olivin.
Nur drei aus ganz besonderen Materialien gefertigte Beile wurden bisher auf oberösterreichischen Feldern entdeckt. Zwei davon sind glatt polierte Beile aus Jadeit, einem hochwertigen Mineral, welches ebenfalls über Fernbeziehungen, wahrscheinlich vom Monte-Viso-Massiv südöstlich von Turin, nach Oberösterreich gelangte. Diese alpine Jade wurde dort in Höhen zwischen 1 700 bis 2 400 Meter Seehöhe hauptsächlich im 5. und 4. Jahrtausend v. Chr. abgebaut. Ein Beilfragment, ebenfalls aus Jadeit, stammt von der Seeufersiedlung „Station See" im Mondsee. Die Wissenschaft spricht von sozialen Symbolen.
Das in Niederkappel unweit der Donauschlinge gefundene Nephritbeil ist das einzige bisher in Oberösterreich entdeckte jungsteinzeitliche Gerät aus diesem harten und seltenen Gestein. Die sich mineralogisch unterscheidenden Rohstoffe „Nephrit" und „Jadeit" fallen beide unter den Begriff „Jade". Mineralogische Untersuchungen des Nephritbeiles führten als Herkunftsgebiet zum Fluss Mur in der Steiermark.
Ein weiteres Beweismittel großräumiger jungsteinzeitlicher Netzwerke liefern uns Schmuckstücke, die vor allem in bandkeramischen Gräbern entdeckt worden

sind. Perlen, Armreifen, Gürtelschnallen und Anhänger aus Spondylusmuscheln, die höchstwahrscheinlich aus dem Schwarzen Meer stammen, erreichten am Landweg über eine Strecke von etwa 2000 Kilometern den Oberlauf der Donau. Ein sehr wertvolles Handelsobjekt war ab dem Jungneolithikum das Kupfer. Etwa ab 4300 v. Chr. gelangten erste Kupfergegenstände aus Südosteuropa nach Mitteleuropa. Es kam in Rohform oder als fertiges Produkt im Tauschhandel über lange Distanzen in das heutige Oberösterreich.

Die erste Kupferverhüttung im heutigen Oberösterreich dürfte ab etwa 3800 v. Chr. von den Leuten der Mondseegruppe betrieben worden sein. Das sogenannte Mondseekupfer weist einen besonders hohen Arsenanteil auf und war in verschiedenen Ländern Europas verbreitet. Es gibt Hinweise, dass es aus arsenhaltigen Kupfererzen in nordost- und zentralalpinen Lagerstätten produziert wurde. Aus welchen Regionen das „Mondseekupfer" tatsächlich stammt, ist bis heute nicht wirklich nachgewiesen.
Je seltener oder exotischer das Material oder der Gegenstand war, desto höher war wohl sein Wert und vermutlich symbolisierte er für seinen Besitzer eine gewisse Macht oder war einer hierarchisch hochstehenden Persönlichkeit vorbehalten.

Ferne Bezugsquellen neolithischer Rohmaterialien und Fertigprodukte

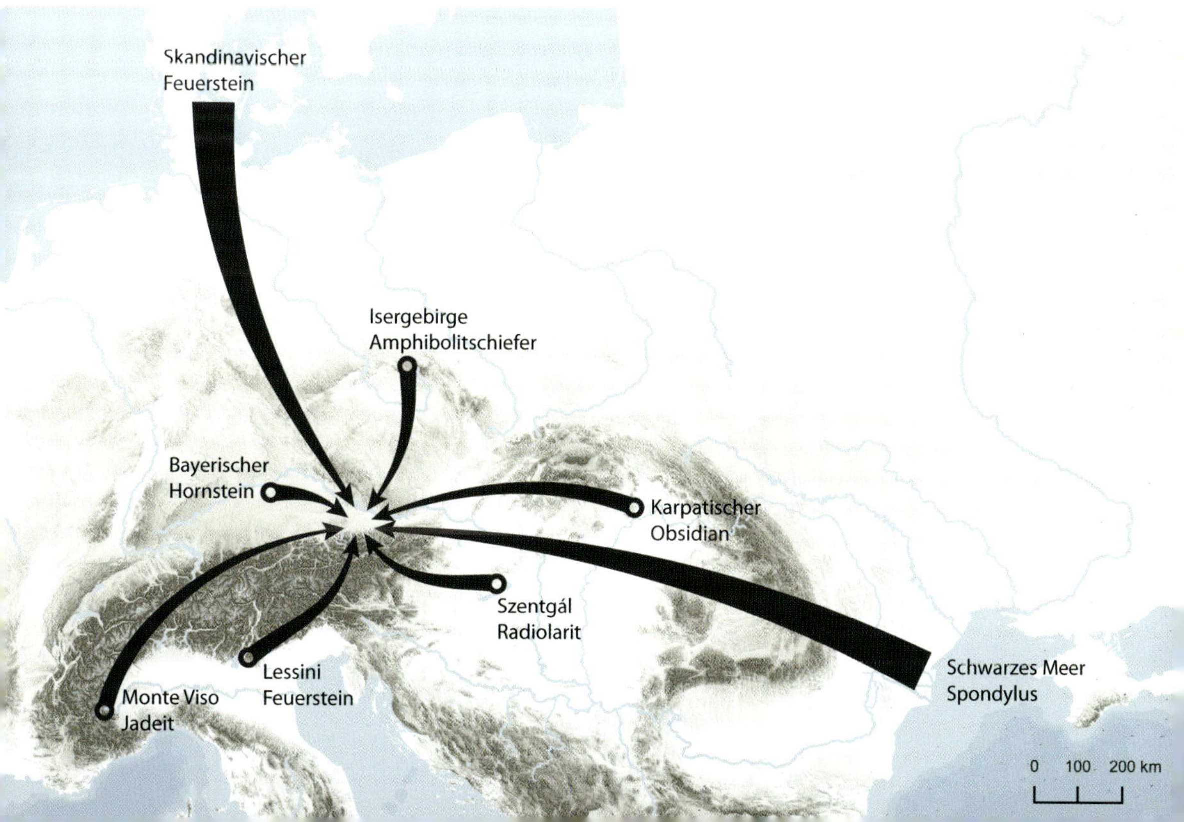

Resümee

Mit der Idee, eines einfachen scharfkantigen Steingerätes zur Nahrungsgewinnung begann vor etwa drei Millionen Jahren in Afrika unsere Geschichte. Verschiedene Arten der Frühmenschen verbesserten über Jahrhundertausende die Werkzeugtechnologie und gestalteten schließlich das am längsten verwendete Werkzeug der Menschheit – den Faustkeil. Mit der Beherrschung des Feuers war es dann möglich, hölzerne Speere zu härten, Fleisch zu braten und auch in kälteren Regionen zu überleben.

Vor mehr als 300 000 Jahren ist in Afrika vermutlich aus der Gattung *Homo erectus*, evolutionär eine frühe Form des *Homo sapiens* hervorgegangen. In weiteren Entwicklungsschritten haben sich beim sogenannten anatomisch modernen Menschen verschiedene Merkmale herausgebildet. Neben einer entwickelten Sprache, dem abstrakten Denken und sozialem Verhalten verfügte er bald über weitere Fähigkeiten, die ihm ein Überleben in Gruppen als Jäger und Sammler in verschiedenen Klimazonen ermöglichte. Über den Nahen Osten eroberte er in relativ kurzer Zeit alle Kontinente. In Mitteleuropa ist er mit neuen Technologien und Kulturpraktiken vor etwa 43 000 Jahren eingetroffen und hat Spuren in Form von präzisen Steingeräten, einzigartigen Kunstwerken und Schmuckgegenständen hinterlassen.

Vor etwa 13 000 Jahren begann im Nahen Osten die folgenreichste Veränderung unserer Geschichte. Menschen selektierten und züchteten Pflanzen und Tiere und machten sich vom Jagdglück unabhängig. Sie bauten feste Häuser, wurden sesshaft und Jagd und Sammeltätigkeit spielten nur noch eine untergeordnete Rolle.

Die Lebensweise der frühen Ackerbauern und Viehzüchter sowie deren neue Erfindungen sind in Mitteleuropa erstmals um 5 600 v. Chr. nachgewiesen. Von fruchtbaren Feldern des Zentralraumes, aber auch aus nicht so begünstigten Gegenden Oberösterreichs kennen wir unzählige Hinterlassenschaften der ersten Bauerngesellschaften. Viele Funde belegen einen weiträumigen Tauschhandel sowie ausgeprägte Fertigkeiten und sind Zeugnisse der kulturellen und technischen Weiterentwicklung der Menschen. Die Entdeckung der Metallverhüttung und die Errichtung erster Monumentalbauwerke fallen ebenfalls in die Periode der Jungsteinzeit.

Die historische Bedeutung der Steinzeit wird in unserer modernen, schnelllebigen Zeit oft wenig beachtet. Denn neben unseren technischen und kulturellen Errungenschaften sind auch unsere Psyche und das Sozialverhalten vielfach noch immer geprägt von unserer fernen Vergangenheit. Ein hohes Maß an Steinzeitmensch steckt immer noch in uns!

In Depots oberösterreichischer Museen und in vielen Privatsammlungen liegen Tausende Belegstücke aus den verschiedenen Epochen der Steinzeit und warten auf eine wissenschaftliche Auswertung. Des Weiteren kennen wir in Oberösterreich viele steinzeitliche Verdachtsflächen, die durch Prospektionen und Grabungen neue Erkenntnisse bringen könnten.

Neue Forschungen in Archäologie und Anthropologie werden auch in Zukunft interessante Erkenntnisse zur Menschheitsgeschichte liefern. Die Beiträge von Heimatforschern, Sammlern und interessierten Privatpersonen werden hier weiterhin unverzichtbar sein. Meiner Erfahrung nach sind ein offener und wertschätzender Umgang zwischen privater und institutioneller archäologischer Forschung sowie die finanzielle Unterstützung der öffentlichen Hand die Grundlage für eine fruchtbare und allseits gewinnbringende Zusammenarbeit.

Danksagung

Ohne Mithilfe von ehrenamtlichen Heimatforscher*innen, Sammler*innen und aufmerksamen Landwirt*innen wäre das Erscheinen dieses Buches nicht möglich gewesen. Jenen Personen, die bereit waren, mir Einblick in ihre Sammlungsbestände zu gewähren und erlaubt haben, besondere Funde zu fotografieren und diese in diesem Buch zu publizieren, bin ich zu großem Dank verpflichtet. Namentlich zu nennen sind: Bernhard Birn, Ried/Innkreis; Robert Brandner, Kronstorf; Bernadette Haider, Rechberg (Sammlung Herbert Hiesmayr); Othmar Hofer, Engerwitzdorf; Konsulent Gernot Krondorfer, Atzesberg; Mag. Helmut Lausecker, Baden; Erwin Lindorfer, Hofkirchen/Mühlkreis; Konsulent Wilhelm Mahler, Ort/Innkreis; Franz Mitterhuber, Haidershofen; Mag. Robert Neuhauser, Gmunden; Thomas Pallwein, Nashville; Pater Alexander Puchberger, Maria Enzersdorf; Herbert Preisl, Dürnkrut; Mag. Wilhelm Rager, Schärding; Jürgen Reichl, Lungitz (Sammlung Johann Reichl); Karl Stiebitzhofer, St. Florian; Othard Temper, Haideshofen; Dr. Alfred Wassermaier, Aschach; Ing. Peter Wächter, Linz; Rupert Zittmayr, Enns.

Ebenso danke ich den Grundbesitzern, die den Heimatforscher*innen und Sammler*innen das Betreten und Absuchen ihrer Feldoberflächen erlaubt haben. Manche in diesem Buch wiedergegebene Artefakte liegen in Museen, Heimathäusern, Gemeindeämtern oder Schulen. Den Verantwortlichen dieser Häuser, die mir das Fotografieren und die Wiedergabe der Bilder gestattet haben, danke ich recht herzlich.

Einzelne Fotos prähistorischer Kunstwerke und Grafiken stammen von Museen und internationalen Institutionen. Bei diesen Einrichtungen darf ich mich ebenfalls bedanken, dass sie mir die gewünschten Bilder zum Veröffentlichen freigaben. Dankbar bin ich dem Schweizer Prähistoriker Dipl. phil. nat. Ingmar Braun, der mir beim Erlangen diverser Bildrechte aus Frankreich behilflich war.

Meinen Heimatforscherkollegen Konsulent Gernot Krondorfer und Mag. Robert Neuhauser danke ich herzlich für den wertvollen fachlichen Austausch und die Bereitstellung einiger Fotos.

Folgend genannten Personen, die mich bei meinem Vorhaben mit wissenschaftlichem Rat und kritischer Durchsicht mancher Textstellen begleitet und unterstützt haben, gilt mein besonderer Dank:
Julia Blumenröther, MA, Institut für Ur- und Frühgeschichte der Friedrich-Alexander-Universität Erlangen-Nürnberg,
Mag. Dr. Michael Brandl, Institut für Orientalische und Europäische Archäologie der Österreichischen Akademie der Wissenschaften, Wien,
Mag. Cyril Dworsky, Kuratorium Pfahlbauten, Naturhistorisches Museum Wien,
Priv. Doz. Mag. Dr. Karina Grömer, Prähistorische Abteilung, Naturhistorisches Museum Wien,
Jun. Prof. Dr. Andreas Maier, Institut für Ur- und Frühgeschichte der Universität zu Köln,
Mag. Jakob Maurer, Zentrum für Museale Sammlungswissenschaften der Universität für Weiterbildung Krems,
Mag. Dr. Jutta Leskovar, Landesarchäologie: Ur- und Frühgeschichte, Bereichsleitung Kulturwissenschaften, Oberösterreichisches Landesmuseum (OÖ Landes-Kultur GmbH), Linz,
MMag. Dr. Martina Reitberger-Klimesch, Fa. Archeonova, Traun,
Dr. Georg Roth, Institut für Prähistorische Archäologie der Freien Universität Berlin.

Dem Team des Verlags Anton Pustet danke ich für die hervorragende Zusammenarbeit bei der Vorbereitung, Gestaltung und Herstellung des Buches.
Last but not least bedanke ich mich bei meiner Frau Maria für ihre Geduld und Nachsicht. Sie hat in den letzten Jahren oft auf gemeinsame Aktivitäten und Unternehmungen verzichtet, da für mich manchmal das Recherchieren, Formulieren und Fotografieren für dieses Buch wichtiger waren. Bei der Auswahl und Bearbeitung der Fotos hat sie mich tatkräftig unterstützt.

Glossar

Absplisse: kleine Abschläge
Abri: Halbhöhle, Felsüberhang, Felsschutzdach
Achat: eine mikrokristalline Varietät von Quarz mit typischerweise bunt gefärbter Bänderung; Achate treten häufig in Form von Drusen auf
Acheuléen: eine Periode der Altsteinzeit. (ca. 1,8 Millionen bis ca. 300 000 Jahre vor heute)
Altheimer Kultur: jungsteinzeitliche Kultur (ca. 3 800 bis 3 400 v. Chr.)
Altpaläolithikum: der älteste Abschnitt der Altsteinzeit, endet etwa 300 000 Jahre vor heute
Amphibolitschiefer: kristalliner Schiefer, der vorzugsweise aus Amphibolen (sog. Hornblende) besteht
Anthropozän: Zeitalter des Menschen
Artefakt: Fundstück, der seine Form und Funktion durch menschliche Bearbeitung erhielt
Australopithecinen: Vormenschenart
Aurignacien: die früheste Kulturstufe der jüngeren Altsteinzeit, die sicher mit dem anatomisch modernen Menschen verknüpft ist (ca. 43 000 bis ca. 33 000 Jahre vor heute)
Badener Kultur: jungsteinzeitliche Kultur (ca. 3 500 bis ca. 2 900 v. Chr.)
Bergkristall: ein Mineral und eine Varietät von reinem Quarz, weist Kristallflächen auf und ist meist durchscheinend
Blattspitze: meist beidseitig flachretuschiertes blattförmiges Steinwerkzeug mit mindestens einer Spitze
Bronzezeit: Zeitepoche der Urgeschichte etwa zwischen 2 200 und 800 v. Chr.
Chalzedon: feinfaserig aufgebaute Varietät von Quarz, weist im Gegensatz zu Jaspis blasse, vor allem blaugraue Farbtöne auf
Chamer Kultur: jungsteinzeitliche Kultur (ca. 3 200 bis ca. 2 700 v. Chr.)
Chopper/Chopping tool: Geröllgerät im Altpaläolithikum
Dechsel: hochgewölbtes, quergeschäftetes Beil
Dendrochronologie: ist eine Datierungsmethode mit Jahresringen im Holz
Dentalien: fossile röhrenförmige Gehäuse von Kahnfüßlern aus der Untergruppe der Schalenweichtiere
Eem: letzte Warmzeit vor der heutigen, benannt nach einem Fluss in den Niederlanden (ca. 125 000 bis ca. 115 000 Jahre vor heute)
Einkorn: Weizenart
Eisenzeit: ist eine Zeitepoche der Urgeschichte etwa zwischen 800 und 15 v. Chr.
Emmer: Zweikorn, Weizenart
Epilengyel: eine Spätform der jungsteinzeitlichen Lengyel-Kultur
Erdwerke: sind Konstruktionen aus Gräben und Wällen
Faustkeil: ein zweiseitig bearbeitetes Steingerät, das ab ca. 1,8 Millionen Jahre bis etwa 40 000 Jahre vor heute verwendet wurde
Feuerstein: eine Varietät von Hornstein, die sich dadurch auszeichnet, dass sie in der späten Kreidezeit gebildet wurde und oft qualitativ hochwertiger ist als andere Silexrohstoffe
Flyschzonensandstein: marines, sedimentäres Gestein (Sandstein) aus dem geologischen Kontext der Flyschzone
Fossilien: versteinerte Pflanzen und Tiere aus früheren Erdzeitaltern
Gagat: versteinerte Holzkohle
Geofakt: ein auf natürliche Weise modifiziertes Geröll
Geomagnetik: Verfahren, mit dem Spuren ehemaliger menschliche Aktivitäten wie zum

Beispiel Mauern oder Straßen, die heute unter der Erdoberfläche liegen, festgestellt und abgebildet werden können

Geröllgeräte: die frühesten von Menschen hergestellten Artefakte, bei denen durch wenige Schläge eine scharfe Kante erzeugt wurde

Glockenbecherkultur: jungsteinzeitliche Kultur (ca. 2 500 bis ca. 2 200 v. Chr.)

Granit: magmatisches Tiefengestein, besteht hauptsächlich aus Feldspat, Quarz und Glimmer

Gravettien: Abschnitt der jüngeren Altsteinzeit (ca. 33 000 bis ca. 25 000 Jahre vor heute)

Hämatit: auch „Blutstein" genannt, gehört zur Gesteinsklasse der Oxide; als Rötel bereits im Paläolithikum als Farbstoff verwendet

Historische Zeit: jene Zeitepoche, aus der schriftliche Quellen existieren

Höhlenkunst: meist jungpaläolithische Wandmalereien und Gravierungen

Holozän: Zeitabschnitt der Erdgeschichte (ca. 11 700 Jahre vor heute bis zur Gegenwart)

Hominiden: alle Arten der Gattung *Homo*

***Homo erectus*:** Vormenschenart „aufgerichteter Mensch"

***Homo habilis*:** Vormenschenart „geschickter Mensch"

***Homo heidelbergensis*:** Vormenschenart vor *Homo neanderthalensis*

***Homo neanderthalensis*:** Neandertaler

***Homo sapiens*:** Jetztmensch „weiser, verstehender Mensch"

Hornstein: scharfkantig brechendes Kieselgestein, das aus organischen marinen Sedimenten entstanden ist; alpine Hauptvorkommen sind vor allem im Mesozoikum (Erdmittelalter) entstanden

Hüttenlehm: Rest von zum Beispiel neolithischem Wandverputz

Inkrustierung: mit Kalkpaste gefüllte, tief eingestochene Muster auf Keramik

***in situ*:** in originaler Lage

Jadeit: seltenes Mineral, das unter hohem Druck und hoher Temperatur gebildet wurde; das wichtigste europäische Vorkommen befindet sich am Monte Viso, dort tritt die „alpine Jade" auf

Jaspis: mikrokristalline Varietät von Quarz und durch Beimengung vor allem von Eisenoxiden meist kräftig gefärbt (häufig rot, gelb oder braun, aber auch grün)

Jungpaläolithikum: Jüngere Altsteinzeit (ca. 43 000 bis ca. 14 000 Jahre vor heute)

Kalkgrus: unregelmäßig geformte, wenige Millimeter große Kalksteine

Keilmesser: faustkeilähnliches Steinwerkzeug des Mittelpaläolithikums mit einer Schneidekante

Kieselkalk: Kalkgestein mit unterschiedlichen Verkieselungsgraden, weist oft Übergänge zu Hornstein auf

Knubbe: knopfartige Wulste auf der Außenseite eines Keramikgefäßes

Kratzer: Steinwerkzeug mit meist halbkreisförmiger retuschierter Arbeitskante

Kupferzeit: zwischen der späten Jungsteinzeit und der Bronzezeit

Lamelle: kleine Klinge oder Abschlag aus Stein (maximale Länge 2 cm)

Latènezeit: nennt man die jüngere Phase der Eisenzeit zwischen 450 und 15 v. Chr.

Leichenbrand: Asche und Knochen von Toten nach einer Brandbestattung

Lengyel-Kultur: jungsteinzeitliche Kultur (ca. 4 900 bis ca. 4 300 v. Chr.)

Letztes Glaziales Maximum: die letzte maximale Ausdehnung der Inlandgletscher der letzten Kaltzeit (ca. 25 000 bis 18 000 vor heute)

Levallois-Technik: typische Steinbearbeitungstechnik des Mittelpaläolithikums

lithisch: vom griechischen „lithos" für „aus Stein", „steinern"

Linearbandkeramische Kultur: älteste jungsteinzeitliche Kultur Mitteleuropas (ca. 5 600 bis 4 900 v. Chr.)

Magdalénien: jüngste Kulturstufe der jüngeren Altsteinzeit (ca. 20 000 bis ca. 14 000 Jahre vor heute)
Magerung: Beimengung von Sand und/oder Getreidedrusch im Ton
Markasit: Mineral mit der gleichen Zusammensetzung wie Pyrit, aber einem anderen Kristallsystem und deshalb instabiler
Megalithanlage: Steinsetzungen, Steinreihen und Großsteingräber, die meist aus dem Neolithikum stammen und bei denen sehr große Steinblöcke verbaut wurden
Menhir: länglicher Einzelstein, der in vorgeschichtlicher Zeit von Menschen wahrscheinlich aus kultischen Zwecken aufgerichtet wurde
Mesolithikum: Mittelsteinzeit (ca. 9 700 bis ca. 5 500 v. Chr.)
Mittelpaläolithikum: mittlerer Abschnitt der Altsteinzeit (ca. 300 000 bis ca. 40 000 Jahre vor heute)
Mikrolithen: kleine Silexartefakte, die im Mesolithikum besonders charakteristisch sind
Micoquien: Kulturstufe des jüngeren Mittelpaläolithikums
Mondseekultur: jungsteinzeitliche Kultur (ca. 3 800 bis ca. 3 400 v. Chr.)
Moldavit: gehört zur Gruppe der Tektite, ein siliziumhältiges grünes Gesteinsglas, das bei einem Meteoriteneinschlag vor ca. 15 Millionen Jahren entstanden ist
Morphologie: Lehre von den Gestalten, Formen (hier von Artefakten)
Moustérien: Teil des europäischen Mittelpaläolithikums (ca. 300 000 bis 40 000 Jahre vor heute)
Münchshöfener Kultur: jungsteinzeitliche Kultur (ca. 4 500 bis 3 900 v. Chr.)
Nasenkratzer: Lamellenkern mit einer vorspringenden Abbaufläche
Neolithikum: Jungsteinzeit (ca. 5 600 bis 2 200 v. Chr.)
Nephrit: nach dem griechischen Wort „nephros" (Niere) benannt und nicht als eigenständiges Mineral anerkannt; Nephrit besteht aus Tremolit und Aktinolith und wird auch als Nephrit-Jade bezeichnet
Notenkopfkeramik: Keramikstil der jüngere Linearbandkeramik (ca. 5 300 bis ca. 4 900 v. Chr.)
Oberlauterbacher Kultur: jungsteinzeitliche Kultur (ca. 5 000 bis ca. 4 500 v. Chr.)
Obsidian: vulkanisches Glas, das bei rascher Abkühlung von Lava entsteht
Paläolithikum: Altsteinzeit (ca. 3,3 Millionen bis ca. 11 700 Jahre vor heute)
Palisade: Befestigung durch Pfahlreihe
***Pick*:** ein Steingerät im Altpaläolithikum
Pleistozän: Zeitabschnitt der Erdgeschichte (ca. 2,5 Millionen bis ca. 11 700 Jahre vor heute)
Prospektion: Erkunden archäologischer Stätten ohne Ausgrabung
Pyrit: Schwefelkies, besteht aus Eisen und Schwefel
Quartär: Zeitabschnitt der Erdgeschichte, der Pleistozän und Holozän umfasst
Quarz: eines der häufigsten Minerale im Erdmantel; besteht aus reinem Siliziumdioxid (SiO_2); eine Varietät von Quarz ist Bergkristall, mikrokristalline Varietäten sind zum Beispiel Hornstein und Radiolarit
Quarzit: fein- bis mittelkörnige metamorphe Gesteine mit hohem Quarzanteil (über 98%)
Radiokarbondatierung: Methode zur Altersbestimmung an organischem Material durch Messung des Anteiles an radioaktivem Kohlenstoff in einer Probe
Radiolarit: scharfkantig brechendes Kieselgestein, das zur Gruppe der Hornsteine gehört und hauptsächlich aus den Gehäusen von Radiolarien (Einzeller) entstanden ist
Remedello-Kultur: jungsteinzeitliche Kultur in Norditalien (ca. 3 400 bis 2 800 v. Chr.)

Retusche: Bearbeitung der Kanten von Klingen und Abschlägen durch Druck oder Schlag
rezent: gegenwärtig lebend
Rhyolith: ein dem Granit entsprechendes vulkanisches Gestein mit hohem Quarzanteil
Schaber: Steinwerkzeug mit mindestens einer retuschierten Arbeitskante
Schnurkeramische Kultur: jungsteinzeitliche Kultur (ca. 2800 bis ca. 2200 v. Chr.)
Schuhleistenkeil: veralteter Begriff für ein hochgewölbtes, quergeschäftetes Beil
Serpentinit: meist grünes metamorphes Gestein, das unter Druck und hoher Temperatur unter Wechselwirkung mit Wasser aus olivinreichen Gesteinen entstanden ist
Silex: Überbegriff für Kieselgesteine (Quarz), die scharfkantig brechen und organischen Ursprungs (z. B. Hornstein und Radiolarit) oder anorganischer Herkunft (z. B. Chalzedon, Jaspis und Achat) sein können.
Silices: Silexartefakte
Sillimanit: gehört zur Mineraliengruppe der Alumosilikate, ist ähnlich hart wie Jadeit und kann farblich von grauweiß bis dunkelgrün variieren
Spätglazial: der letzte Abschnitt der Würm-Eiszeit (ca. 14700 bis 11700 vor heute)
Spätpaläolithikum: schließt an das Jungpaläolithikum an (ca. 14000 bis ca. 11700 Jahre vor heute)
Spikulit: scharfkantig brechendes Kieselgestein, das zur Gruppe der Hornsteine gehört und hauptsächlich aus den kieseligen ein- bis mehrstrahligen Nadeln (sog. Spicula) mariner Schwämme entstanden ist
Spinnwirtel: ist ein Schwunggewicht am unteren Ende einer Handspindel
Spondylusmuschel: Stachelauster, weltweit in wärmeren Meeren verbreitete Muschelgattung
Stichbandkeramische Kultur: jungsteinzeitliche Kultur (ca. 4900 bis ca. 4500 v. Chr.)
Stichel: spitzes Steinwerkzeug zur Geweih- und Knochenbearbeitung
Strate: Kulturschicht im Zuge von Ausgrabungen
Stratigraphie: Abfolge der Kulturschichten
Technologiekomplex/Industrie: abhängig von der Herstellungstechnik und Steinbearbeitung werden in der Altsteinzeit keine Kulturen, sondern Technologiekomplexe oder Industrien unterschieden
Tempern: gezieltes Erhitzen von Silexknollen, um die Bearbeitungseigenschaften zu verbessern
Thermolumineszenzdatierung: naturwissenschaftliche Methode zur Altersbestimmung von Steingeräten und Keramik mithilfe von Erhitzung und der Messung der abgegebenen Lichtstrahlen des untersuchten Gegenstandes
Trepanation: Schädelöffnung
Typochronologie: archäologische Methode der zeitlichen Einordnung von Fundstücken; sie geht davon aus, dass ähnlich aussehende Fundstücke einer Region aus einem gleichen Zeitabschnitt stammen
Typologie: ist in der Archäologie das Ergebnis der Klassifizierung von Gegenständen nach ihren morphologischen Eigenschaften
Verhüttung: Metallgewinnung aus Roherz
Wulst- oder Stegtechnik: Tonaufbautechnik beim Töpfern ohne Töpferscheibe
Würmeiszeit/Würmzeit: letzte Eiszeit, benannt nach einem Fluss in Bayern (ca. 115000 bis ca. 11700 Jahre vor heute)

Verwendete Literatur

W. Antl-Weiser, Die Frau von W., Wien, 2008

Archäologisches Landesmuseum Baden-Württemberg, Eiszeit – Kunst und Kultur, Begleitband zur großen Landesausstellung Baden-Württemberg, Stuttgart 2009.

H. Ardelt, Jungpaläolithische Oberflächenfunde aus Perg/Weinzierl, Jahrbuch d. Gesellschaft für Landeskunde und Denkmalpflege OÖ, Band 159, Linz 2014, 9–19.

H. Ardelt, Zwei jungpaläolithische Freilandstationen, In Sonius – Archäologische Botschaften aus Oberösterreich 20, 2016, 4–6.

E. Beninger, Die Paura an der Traun, Wels 1961.

A. Binsteiner, E. M. Ruprechtsberger, Späte Altsteinzeit im Linzer Raum (Linzer Archäologische Forschungen, Sonderheft 42), Linz 2009.

A. Binsteiner, E. M. Ruprechtsberger, Steinzeit an der Enns (Linzer Archäologische Forschungen Band 47), Linz 2016.

A. Binsteiner, E. M. Ruprechtsberger, Von der Alt- zur Jungsteinzeit (Studien zur Kulturgeschichte von Oberösterreich 29), Linz 2010.

A. Binsteiner, E. M. Ruprechtsberger, Neue Steinzeitfunde im unteren Mühlviertel, (Linzer Archäologische Forschungen, Sonderheft 48), Linz 2013.

A. Binsteiner, O. Chvojka, E. Ruprechtsberger, Steinzeit im Mühlviertel, (Linzer Archäologische Forschung Band 45), Linz 2014.

J. Blumenröther, A. Maier, Grabungsbericht, Die Sondagengrabung an der mesolithischen Fundstelle Elendpoint in Ruprechtingen, Aschach an der Donau, OÖ, 2018 (unveröffentlicht).

M. Brandl, Rohmaterialanalyse der Jungpaläolithischen Stationen Weinzierl 1 und 2, 2020 (unveröffentlicht).

J. Brater, Wir sind alle Neandertaler, Frankfurt/M. 2009.

Th. Dehner, Moldavit, Kempten 2009.

F. Ehrl, Steinbeile aus St. Florian. In: Jahrbuch des Oberösterreichischen Musealvereines 139/1, 1994, 7–8.

F. Ehrl, Jungsteinzeitliche Lesefunde von Unterweidlham, Marktgemeinde St. Florian bei Linz. In: Jahrbuch des Oberösterreichischen Musealvereines 145/1, 2000, 7–36.

F. Ehrl, Neue Mosaiksteine zum neolithischen Bild von St. Florian. In: Jahrbuch des Oberösterreichischen Musealvereines 150, 2005, 9–33.

B. Fagan, Die Eiszeit, Stuttgart 2009.

A. Fleckinger, H. Steiner, Der Mann aus dem Eis, Bozen 1999.

H. Foss, Steinartefakte, vom Altpaläolithikum bis in die Neuzeit (Tübingen Publications in Prehistory), Tübingen 2012.

K. Grömer, Jungsteinzeit im Großraum Linz (Linzer Archäologische Forschung 33), Linz 2001.

K. Grömer, Linearbandkeramische Funde aus Lungitz, Sammlung Reichl, In: Archäologie Österreichs 7/2, 1996, 26–28.

K. Grömer, Neolithische Siedlung mit Lengyelgrab in Leonding. Die Stellung Oberösterreichs im Früh- und Mittelneolithikum, In: Jahrbuch des Oberösterreichischen Musealvereines 146/1, 2001, 9–41.

K. Grömer, Oberflächenfunde aus Altenberg bei Linz (Linzer Archäologische Forschung, Sonderheft 13), Linz 1995.

K. Grömer, Prähistorische Textilkunst in Mitteleuropa, Wien 2010.
K. Grömer, Urgeschichtliche Besiedelung in Lungitz, Gem. Katsdorf, OÖ. In: Jahrbuch des Oberösterreichischen Musealvereines 142/1 1997, 7–44.
H. Gruber, Das Neolithikum in Oberösterreich – Ein Überblick zum Forschungsstand, In: Fines Transire 18 (Archäologische Arbeitsgemeinschaft Ostbayern/West- und Südböhmen/Oberösterreich, 2009, 133–143.
J. Hahn, Erkennen und Bestimmen von Stein- und Knochenartefakten, Einführung in die Artefaktmorphologie, Tübingen 1993.
R. Harreither, Urgeschichte im Raum Enns1: Die Anfänge der menschlichen Besiedelung. In Mitteilungen des Museumvereines Lauriacum – Enns, Heft 44, Enns 2006, 19–21.
W. Kauer, Felsbilder der Alpen, Motive im internationalen Vergleich, Salzburg 2019.
W. Kauer, Felsbilder der Ostalpen, Das Erbe der Mondfrau, Salzburg 2017.
D. Kern, Bogenförmige Zierrate aus Tödling, In: Sonius – Archäologische Botschaften aus Oberösterreich 16, 2014, 3–5.
S. Kirchengast, E. M. Winkler, Die menschlichen Skelette der neolithischen und hallstattzeitlichen Gräberfelder von Rutzing in Oberösterreich. In: Jahrbuch des Oberösterreichischen Musealvereines 139/1, 1994,127–163.
B. Klima, Das Paläolithikum im Gallneukirchner Becken. In: Jahrbuch des Oberösterreichischen Musealvereines 135, 1990, 9–16.
Ä. Kloiber, M. Pertlwieser, Die urgeschichtlichen Fundschichten auf der „Berglitzl" in Gusen, Pol. Bez. Perg, In: Jahrbuch des Oberösterreichischen Musealvereines 114, 1969, 9–18.
Ä. Kloiber, J. Kneidinger, Die neolithische Siedlung und die neolithischen Gräberfundplätze von Rutzing und Haid, Ortsgemeinde Hörsching, polit. Bezirk Linz – Land OÖ, In: Jahrbuch des Oberösterreichischen Musealvereines 113, 1969, 9–58; 114, 1969, 19–28, 1969; 115, 1970, 21–36; 116, 1971, 23–50.
J. Kneidinger, Neues zur jüngeren Steinzeit Oberösterreichs, In: Jahrbuch des Oberösterreichischen Musealvereines 110, 1965, 148–161.
H. Kohl, Das Eiszeitalter in Oberösterreich. In: Jahrbuch des Oberösterreichischen Musealvereines 144/1, 1999.
H. Kohl, Das Eiszeitalter in Oberösterreich (Schriftenreihe des OÖ Musealvereins – Gesellschaft für Landeskunde 17, Linz 2000.
H. Kohl, Paläolithische Funde in Oberösterreich aus geowissenschaftlicher Sicht. In: OÖ Heimatblätter, Heft 2, 1996, 115–147.
G. Krondorfer, J. Maurer, W. Postl, M. Brandl, Neolithische Beile aus Sillimanit – Edler Stein mit seidigem Glanz. In: Sonius – Archäologische Botschaften aus Oberösterreich 26, 2020, 3–7.
G. Krondorfer, Über Topf und Stein durchs Obere Donautal. In: Sonius – Archäologische Botschaften aus Oberösterreich 20, 2016, 7–9.
K. G. Kunst, D. Nagel, G. Rabeder, Erste Grabungsergebnisse vom Nixloch bei Losenstein-Ternberg. In: Jahrbuch des Oberösterreichischen Musealvereines 134/1, 1989, 199–212.
Th. Kühtreiber, G. K. Kunst, Das Spätglazial in der Gamssulzenhöhle im Toten Gebirge (OÖ) – Artefakte, Tierreste, Fundschichtbildung. In: G. Rabeder Die Gamssulzenhöhle im Toten Gebirge, (Mitteilungen der Kommission für Quartärforschung d. Österr. Akademie der Wissenschaften 9), Wien 1995, 83–112.
Th. Kühtreiber, Jungpaläolithische Funde aus dem Nixloch in Losenstein – Ternberg (OÖ). In: D. Nagl und G. Rabeder, Das Nixloch bei Losenstein – Ternberg, (Mitteilungen der

Kommission für Quartärforschung d. Österr. Akademie der Wissenschaften 8), Wien 1992, 211–221.
G. Kyrle, Jungsteinzeitliche Funde aus dem unteren Flußgebiet der Enns. In: Wiener prähistorische Zeitschrift, Heft 1–4, 1918, 19–47.
E. Lauermann, …Jahrtausenden auf der Spur. Ein Begleitbuch zur Landessammlung im Niederösterreichischen Museum für Urgeschichte in Asparn an der Zaya, 2009, 21–80
W. Mahler, Steinzeit im Acker – Oberflächenfunde aus dem Bezirk Ried im Innkreis. In: Der Bundschuh 17, 2014, 3–10.
F. Mandl, Felsbilder Österreich – Bayern Nördliche Kalkalpen (ANISA 4), Haus im Ennstal, 2011
J. Maurer, G. Krondorfer, Die Chamer Grube von Weikersdorf-Ost. In: Sonius – Archäologische Botschaften aus Oberösterreich 25, 2019, 3–6.
J. Maurer, Die Mondsee-Gruppe: Gibt es Neuigkeiten? Ein allgemeiner Überblick zum Stand der Forschung. In: Vorträge des 32. Niederbayerischen Archäologentages, 2014, 145–190.
W. Mayrhofer, Spuren der ersten Menschen in Engerwitzdorf vor 50.000 Jahren. In: Unser Engerwitzdorf (Geschichte*Gegenwart*Zukunft), 2007, 60–65.
I. Mirsch, Die Archäologie des mittleren Ennstales und steirischen Salzkammergutes. In: An der Wiege des Landes Steiermark, Gnas 2013, 55–81.
D. Mitterkalkgruber, Die Jungsteinzeit im oberösterreichischen Ennstal und ihre Stellung im Ostalpenraum (Linzer Archäologische Forschung 9), Linz 1992.
D. Mitterkalkgruber, Jungsteinzeitliche Siedlungen im Ennstal. In: Jahrbuch des Oberösterreichischen Musealvereines 99, 1954, 123–140.
D. Mitterkalkgruber, Paläolithische Hornsteinartefakte vom Rebenstein in der Laussa, OÖ, In. Jahrbuch des Oberösterreichischen Musealvereines 102, 1957,127–131.
R. Neuhauser, Urgeschichte und Römerzeit. In: Pasching im Wandel der Zeit, Pasching 2018, 10–19.
M. Pertlwieser, zu Ölkam, FÖ 31, 1992, 418; FÖ 32, 1993, 681; FÖ 33, 1994; FÖ 35, 1996, 426f.
M. Pertlwieser, Zur prähistorischen Situation der „Berglitzl" in Gusen, Pol. Bezirk Perg OÖ In: Jahrbuch des Oberösterreichischen Musealvereines 118/1, 1973, 17–34.
Th. Pertlwieser, zu Tödling FÖ 40, 2001, 579 u. 581.
R. Pittioni, Das prähistorische Fundgut der Ramesch-Knochenhöhle. In: P. Hille und G. Rabeder Die Ramesch-Knochenhöhle im Toten Gebirge, (Mitteilungen der Kommission für Quartärforschung d. Österr. Akademie der Wissenschaften 6), Wien 1986, 73–76.
H. Pohl, „Zeitensprung" In: Sonius – Archäologische Botschaften aus Oberösterreich 24 Welterbeausgabe, 2019, 3–11.
E. Probst, Deutschland in der Steinzeit, Jäger, Fischer und Bauern zwischen Nordseeküste und Alpenraum, München 1991
G. Rabeder, Die Grabung des OÖ Landesmuseums in der Ramesch-Knochenhöhle (Totes Gebirge, Warscheneck-Gruppe). In: Jahrbuch des Oberösterreichischen Musealvereines 130, 1985, 169–181.
J. Reitinger, Oberösterreich in ur- und frühgeschichtlicher Zeit, Linz 1969
J. Reitinger, Die ur- und frühgeschichtlichen Funde in Oberösterreich (Schriftenreihe des OÖ Musealvereins), Linz 1968.
M. Rinder, Die jungsteinzeitliche Siedlung von Tödling, unpublizierte Diplomarbeit Universität Wien 2012.

G. Roth, Geben und Nehmen, Eine wirtschaftliche Studie zum neolithischen Hornsteinbergbau von Abensberg-Arnhofen, Kr. Kelheim, Köln 2008.
E. M. Ruprechtsberger, Archäologie in und um Kronstorf (Linzer Archäologische Forschungen 50, Linz 2018.
I. Schmidt, A. Maier, I. Kretschmer, Ist da draußen jemand? Zur Bevölkerungsdichte der letzten Eiszeit, Archäologie in Deutschland 3/2016, 32–33.
O. Schmitsberger, R. Thomas, Die archäologischen Fundstellen in Grub – Mesolithische und jüngere Funde, 2009 (unpubliziertes Manuskript)
M. Schmitzberger, Die Tierknochen aus der mittelneolithischen Kreisgrabenanlage Ölkam (Oberösterreich), In: Jahrbuch des Oberösterreichischen Musealvereines 146/1, 2001, 43–86.
G. Schöbel, Das Erbe der Pfahlbauer: Faszination Weltkulturerbe, Schriftenreihe des Pfahlbaumuseums Unteruhldingen, Band 9, Unteruhldingen 2019.
H. Seidl da Fonseca, https://www.pfahlbauten.at/blog
E. Steiner, Th. Einwögerer, Mammut, Mensch & Co – Steinzeit in der Eiszeit, St. Pölten 2008.
H. Steuer, Der Mensch und sein Tod, Tod und Bestattungsbrauch vom Paläolithikum bis ins frühe Mittelalter. In: Freiburger Universitätsblätter 139, 1998, 111–126.
F. Stroh, zu Scharlinz. In: Wiener Prähistorische Zeitschrift 28, 1941, 74–82.
F. Stroh, zu Scharlinz. In: Jahrbuch des Vereins für Landeskunde und Heimatpflege im Gau Oberdonau 90, 1942, 350.
R. Strouhal, Ein vorneolithischer Siedlungsplatz bei Bad Ischl. In: OÖ Heimatblätter, Jahrgang 6, Heft 4, 1952, 569–576.
V. Tovornik, Der Schalenstein am urgeschichtlichen Opferplatz auf der „Berglitzl“ in Gusen, Pol. Bez. Perg, OÖ. In: Jahrbuch des Oberösterreichischen Musealvereins 119, 1974, 19–22.
P. Trebsche, Die Höhensiedlung „Burgwiese“ in Ansfelden (Oberösterreich), (Linzer Archäologische Forschung Band 38/1 und 38/2), Linz 2008.
Th. Uthmeier, Micoquien, Aurignacien und Gravettien in Bayern: Eine regionale Studie zum Übergang vom Mittel- zum Jungpaläolithikum, Bonn 2004.
K. Valoch, Altpaläolithische Geröllgeräte in Niederösterreich. In: Wiss. Mitt. Niederösterr. Landesmuseum 9, 1996, 231–245.
K. Valoch, Neue Altpaläolithische Fundstellen in Niederösterreich. In: Archaeologia Austriaca 88, 2004, 9–27.
J. M. Wiesbauer-Klieber, Die neolithische Besiedelung der „Burgwiese“ in Ansfelden, Oberösterreich (Linzer Archäologische Forschung 49), Linz 2017.
K. Willvonseder, Die jungsteinzeitlichen und bronzezeitlichen Pfahlbauten des Attersees in Oberösterreich. In: Mitteilungen der prähistorischen Kommission der Akademie der Wissenschaften 11 und 12, 1963–1968.

VERLAG ANTON PUSTET

Iris Feichtinger, Jürgen Pollerspöck
Haie im Alpenvorland
Fossile Zeugen eines
verschwundenen Paradieses

208 Seiten, durchgehend farbig bebildert
21 x 24 cm, Hardcover
ISBN 978-3-7025-1023-7, € 25,–

Vor vielen Millionen Jahren glitt eine erstaunliche Vielfalt an Haien und Rochen durch die Gewässer des Alpenvorlandes. Dieses Buch bietet grundlegende Informationen zur Lebensweise und Biologie der faszinierenden und zum Teil längst ausgestorbenen Meeresbewohner – in Verbindung mit der Entstehungsgeschichte der Paratethys, des einstigen Randmeeres nördlich der Alpen. Dazu findet sich ein umfassender Artenkatalog mit den rund 60 häufigsten Hai- und Rochenzähnen, die heute noch im Alpenvorland gefunden werden können. Die Zähne erzählen uns nicht nur über die jeweilige Art, sondern indirekt auch über eine längst vergangene Welt. Neben so bekannten Arten wie dem Tigerhai und Mantarochen begegnen wir auch skurrilen Räubern wie etwa dem Laternen- oder Zigarrenhai.

Wertvolle Tipps für die eigene „Schatzsuche" runden die stark bebilderte Reise ab: Tauchen Sie in ein tropisches Meer aus einer längst vergangenen Zeit und entdecken auch Sie Millionen Jahre alte Zeugen eines verschwundenen Paradieses!

Bildnachweis

Archeonova: 109; archeoParc Schnalstal, Foto H. Ardelt: 157; Ardelt H.: 27, 31 oben links, 33, 37 oben links, 38, 58, 59, 60, 61, 63, 65, 68, 69, 71, 75, 77, 85, 87, 91 unten rechts, 92, 97 oben, 117, 119, 120, 125, 127, 128, 134, 138, 139, 145 unten, 147, 151, 154, 155, 165, 170, 173 oben mitte und rechst; Aujoulat N., CNP/MC: 56; BDA, Chr. Mayer: 100; Blesl Chr.: 72; Braun I.: 29; Clarys B., Aven d`Orgnac 2013: 45, 93; Clarys B., Landesmuseum Stuttgart 2009: 51; Clarys B., MNHA 2004: 64; Clarys B., Solothurn 2016: 156; Clottes J./MC: 39 oben, 55; Chrstos O.: 111; Gemeinde Niederkappel, Foto K. Lindorfer: 142; Groebner D.: 89, 171; Einwögerer Th.: 41, 48; Ennsmuseum Weyer, Foto H. Ardelt: 33 oben rechts, 73; Heimathaus-Stadtmuseum Perg, Foto H. Ardelt: 35 oben links, 154 oben rechts; Homo heidelbergensis von Mauer e.V., Foto U. Bielert: 23; Institut für Ur- und Frühgeschichte, Friedrich-Alexander Universität Erlangen-Nürnberg: 46 unten rechts, 83; Kauer W.: 168; Krondorfer G.: 67, 82 unten, 84, 143, 145 oben und mitte, 148; Kuratorium Pfahlbauten: 131; Kuratorium Pfahlbauten/Land Oberösterreich, Foto H. Pohl: 133; Kühtreiber Th.: 70; Landesamt für Denkmalpflege und Archäologie Sachsen-Anhalt, Zeichnung K. Schauer: 47, 50; Land Oberösterreich, Sammlung Ur- und Frühgeschichte, Foto H. Ardelt: 32, 35 oben rechts, 80, 132 unten mitte, 140,154 links 2. von oben; Land Oberösterreich, Sammlung Ur- und Frühgeschichte, Foto F. Gangl: 34; Land Oberösterreich, Sammlung Ur- und Frühgeschichte, Foto E. Grilnberger: 103, 106 oben links, 115, 121, 122, 172, 174; Land Oberösterreich, Sammlung Ur- und Frühgeschichte, Foto Th. Pertlwieser: 114 unten links; Land Oberösterreich: 116; Landessammlungen NÖ: 96, 97 unten; Leitner L. (mit freundlicher Genehmigung des Leo Leitner Freundeskreises): 39 unten; Lobisser W. F. A.: 91 unten links, 114 unten rechts; LVR-LandesMuseum Bonn, Rekonstruktion 2019, Sculpture Elisabeth Daynès, Paris, Foto J. Vogel: 28; Monny J./MC: 43; Museum für Archäologie Schloss Gottorf, Schleswig: 78 oben; Museum Lauriacum Enns, Foto H. Ardelt: 119 unten rechts; Naturhistorisches Museum Wien, Foto A. Schumacher: 10, 54; Naturhistorisches Museum Wien, Zeichnung D. Groebner: 89; Neuhauser R.: 108, 173 links oben und unten; Pfahlbaumuseum Mondsee, Foto E. Grilnberger: 132; Pfahlbaumuseum Mondsee, Foto J. Pfeffer, 97 mitte; Österreichische Akademie der Wissenschaften (OAI), Grafik M. Brandl, 66; Österreichische Akademie der Wissenschaften (ÖAI), Grafik I. Petschko, 175; Preisl H.: 24; Rager W.: 137; Schmitsberger O.: 82 oben; Stadtmuseum Leonding, Foto L. Riegel: 106 oben rechts; Stadtmuseum Schärding, Foto H. Ardelt: 141; Steinzeitpark Dithmarschen, Albersdorf, Deutschland: 76; Südtiroler Archäologiemuseum – www.iceman.it, Foto H. Wisthaler: 160, 162; Südtiroler Archäologiemuseum – www.iceman.it, Foto A. Ochsenreiter: 163; Tempus. Museum für Archäologie, Bad Wimsbach-Nydharting, Foto R. Neuhauser: 136; Thomas R.: 82 oben; Tomskiy A.: 21; Trebsche P.: 110, 112; Universität Tübingen, Foto H. Jensen: 53; Uthmeier Th.: 31 oben rechts, 46 unten links; urmu – Urgeschichtliches Museum Blaubeuren, Zeichnung K. Zintz: 49; vorarlberg museum, Foto R. Fessler: 78 unten

© privat

Helmut Ardelt

MBA, Konsulent, geboren 1953 in St. Valentin, war bis zu seiner Pensionierung im Management eines weltweit tätigen Technologiekonzerns beschäftigt. Aus seinem Interesse für Geschichte und Natur entwickelte sich die Leidenschaft für Archäologie. Speziell die verschiedenen Kulturen der Steinzeit liegen im Mittelpunkt seiner Aktivitäten als lokaler Heimatforscher.